Über dieses Buch In den USA verbringen zwölfjährige Kinder zwischen 21 und 35 Stunden pro Woche vor dem Fernsehbildschirm. Nach einer vom Bundesministerium für Bildung und Wissenschaft in Auftrag gegebenen Untersuchung hat der Fernsehkonsum von Kindern auch in der Bundesrepublik bereits Ausmaße angenommen, die die kindliche Entwicklung in negativer Weise beeinflussen können. Inzwischen gibt es sogar Stimmen, die für einen generellen Fernsehstopp für Kinder bis zum 12. Lebensjahr plädieren, da durch die »vergängliche Ware Medien-Wirklichkeit sehr viele Lernchancen zerstört« werden und sie ein wenig stimmiges Bild von der wirklichen Welt bekommen. Neigung zu Passivität, Gleichgültigkeit und Realitätsflucht sind die Folge. Die hier zitierten amerikanischen Untersuchungen über die Auswirkungen des Fernsehens auf Kinder belegen dies auf erschreckende Weise. Auch wenn wir von manchen Auswüchsen des amerikanischen Fernsehens bisher verschont geblieben sind, sollten die in diesem Buch vermittelten Erkenntnisse im Hinblick auf die Ausweitung des Kabelfernsehens in der Bundesrepublik ein Anstoß sein, uns mit diesem Medium ernsthaft auseinanderzusetzen.
Joan Anderson Wilkins, selbst Mutter von zwei Kindern, hat aufgrund eigener Erfahrungen ein Programm entwickelt, mit dessen Hilfe Eltern und Kinder gemeinsam ihr Fernsehverhalten ändern können: vom unkontrollierten Dauerkonsum zum bewußten Fernsehen.

Die Autorin Joan Anderson Wilkins ist Journalistin und beschäftigt sich vor allem mit dem Thema Familie. Sie lebt mit ihrem Mann und ihren beiden Kindern in Pearl River, New York.

Joan Anderson Wilkins

Bewußter fernsehen

Ein Vier-Wochen-Programm für die Familie

Aus dem Amerikanischen
übersetzt von Michael Stein

Fischer
Taschenbuch
Verlag

Deutsche Erstausgabe
Veröffentlicht im Fischer Taschenbuch Verlag GmbH,
Frankfurt am Main, Oktober 1986

Titel der amerikanischen Originalausgabe:
›Breaking the TV Habit‹
Erschienen bei Charles Scribner's Sons, New York

Umschlaggestaltung: Jan Buchholz/Reni Hinsch
unter Verwendung eines Fotos von
H. D. Kellner + U. Sonnenberg
Gesamtherstellung: Clausen & Bosse, Leck
Printed in Germany
980-ISBN-3-596-23243-0

Inhalt

Danksagungen

Die Anregung zu diesem Buch und das Konzept des Vier-Wochen-Programms stammen von meinem Mann Robin Wilkins, der sich als Medienexperte kritisch mit der elektronischen Umwelt auseinandersetzt. Die Idee, den Fernsehkonsum zu reduzieren, wurde von der Green Meadow Waldorf Schule in Spring Valley, New York, gefördert. In dieser Schule wird allgemein die Ansicht vertreten, daß das Fernsehen gegen die Erziehung des Kindes arbeitet.

Ich bin allen Berufskollegen und -kolleginnen zu Dank verpflichtet, die mich dazu ermutigten, mein Vorhaben durchzuführen – Arthur Hettich von *Family Circle,* der mir auf den Weg half, Dan Masterson, Sam Draper und Linda Peterson. Besonders hilfreich war Everett Leonard.

Besonderen Dank schulde ich Harvey Chertok dafür, daß er alle meine Termine einhielt, Frank Stankus, der mich auf wichtiges Forschungsmaterial hinwies, und Pam Borman für ihre umsichtige Planung und Termingestaltung.

Mein Dank gilt auch meiner Lektorin Maron Waxman, deren Arbeitstempo und Fachkenntnisse dieses Projekt in Rekordzeit Form und Profil annehmen ließen.

Vor allem bin ich meinen Kindern Andrew und Luke Dank schuldig, die sich unentwegt für die »No-TV«-Sache einsetzen, und meinen Eltern Joyce und Allen Anderson, die es nie zuließen, daß das Fernsehen in unser Familienleben störend einbrach.

Schließlich bin ich den Hawes- und Glen-Grundschulen in Ridgewood, New Jersey, für ihr Interesse, ihren Enthusiasmus und ihr Engagement für das Konzept der fernsehfreien Woche zu tiefstem Dank verpflichtet, sowie all den Familien und Lehrern, die mich zu wertvollen Forschungsinterviews in ihrem Heim willkommen hießen. Ich habe auf den folgenden Seiten aus diesen Interviews ausführlich zitiert, ohne spezifische Quellenangaben zu machen. Die übrigen Quellen finden sich in der Bibliographie.

Pearl River, New York — Joan Anderson Wilkins

1. Der Tag, an dem der Fernseher den Geist aufgab

Es war um die Mittagszeit, am 24. Mai 1974. Die Kinder schrien nach ihren Erdnußbutter- und Marmeladenbroten, und ich flitzte in der Küche umher und versuchte, das Mittagessen rechtzeitig hinter mich zu bringen, um meine Lieblings-Soap-Opera zu sehen. Überall lagen Lebensmittel verstreut, da der dreijährige Luke auf der Suche nach seiner Lieblingssorte Corn-flakes alle Tüten durchstöbert hatte.

Wie gewöhnlich war der Fernseher an. Jemand von McDonald machte uns weis: »Wir tun das alles für euch.« Gerade als ich dachte, McDonald tut nicht die Bohne für mich, gab es plötzlich – Wumms! – einen lauten Krach. Ich fuhr herum, Marmelade tropfte von meinen Fingern – auf dem Boden lag unser tragbarer Farbfernseher. Eine Rauchwolke, und wir waren ohne Fernsehen. Fünfhundert Dollar waren verpufft; die nächste Folge von »Search for Tomorrow« war gestorben; und was das Schlimmste war, mit der Unterhaltung für die Kinder war es aus.

Der arme kleine Luke schrie am lautesten, weil er über das Kabel gestolpert war und so den Schaden verursacht hatte. Andrew, unser älterer Sohn, und ich setzten uns auf den Küchenboden – wir waren sprachlos. Für eine vierköpfige Familie, die jeden Morgen Captain Kangaroo begrüßte und jeden Abend Johnny Carson Gute Nacht sagte, war dies ein vernichtender Schlag.

Über einen Zeitraum von ein paar Tagen waren wir wie verstört. Ich flehte meinen Mann an, einen Fernseher aus dem Büro mit nach Hause zu bringen. Aufgrund seiner Anstellung im Bereich Lernkommunikation hatte er Zugang zu elektronischen Geräten aller Art. Aber er redete sich damit heraus, daß im Moment nichts verfügbar sei. Im Grunde hatte ich das Gefühl, daß sein Vertrauen in unsere Fähigkeit, mit Dingen sorgsam umzugehen, seit dem Vorfall mit dem Fernseher deutlich abgenommen hatte.

Auf Rettung sinnend, kramten wir den alten Schwarzweiß-Apparat heraus, aber das Fernsehen in Schwarzweiß erwies sich als viel weniger ansprechend als in lebendiger Farbe.

Der Verlust des Farbfernsehers war ein schwerer Schlag für mich. Ich hatte sehr lange gebraucht, um die Jungen für die »Sesamstraße« zu interessieren. Keiner der beiden hatte jemals lange stillsitzen wollen, aber ich hatte mich durchgesetzt, indem ich ihren kleinen Tisch und die Stühlchen direkt vor den Fernseher stellte und ihnen Snacks zum Essen und Fernsehspielzeug zum Spielen gab. Meine Strategie funktionierte. Die Kinder klebten bald an den Bildern, und ich war frei und konnte mich eigenen Dingen widmen. Nun hatte ich das Gefühl, mit dem Verlust des Fernsehers auch meine Freiheit einzubüßen.

Ein Leben ohne Fernsehen war eine völlig neue Erfahrung für die Kinder, und es schien beinahe so, als hätten sie auf diesen Tag gewartet. Ihre erste Reaktion war, ihren Tisch und die Stühle in die Garage zu schaffen, wo sie mit dem Bau einer Werkzeugbank begannen. Unser Heim, in dem Juicy-Fruit-Kaugummi-Werbung erklungen war und Kermit der Frosch »Es ist so schön, grün zu sein« gesungen hatte, war plötzlich erfüllt von dem Geräusch von Hammerschlägen, Türenzuschlagen und dem Gekicher von Nachbarkindern.

»Vielleicht war der 24. Mai ein heimlicher Segen. Vielleicht geht das Leben auch ohne die Röhre weiter«, dachte ich bei mir.

Obwohl wir mit dem Farbfernseher einen guten Freund verloren hatten, schien es, als ob zehn neue Freunde eingezogen wären und ihn ersetzten. Die Nachrichten aus der ganzen Welt könnten wir ja schließlich auch im Radio hören. Ich machte erneut Bekanntschaft mit Unterhaltungssendungen im Radio. Mein Mann und ich lasen den Kindern abends vor und fühlten uns dabei wie die Eltern aus der Serie »Brady Bunch«. Kurzum, wir fanden plötzlich, daß wir unzählige Stunden gewonnen hatten, die unsere Tage länger und erfüllter erscheinen ließen.

Rückblickend habe ich den Eindruck, als seien wir über den Verlust des Fernsehers ziemlich bald hinweggekommen, und in wenigen Wochen trafen wir eine vernünftige Entscheidung: Wir würden uns keine Sorgen machen, woher wir das Geld für einen neuen Fernseher nehmen würden. Die Familie Wilkins fing an, das Leben ohne ihn zu genießen! Nun ja, beinahe. Eigentlich war und ist es auch jetzt noch immer nicht ganz so einfach. Wir besitzen immer noch einen kleinen Fernseher; es ist allerdings nur ein kümmerliches Exemplar mit einem 22-cm-Bildschirm, der in einer Ecke des Wohnzimmers unter dem Couchtisch versteckt ist. Er wartet dort darauf, eingeschaltet zu werden, und ich muß gestehen, daß er bei einer vierköpfigen Familie häufiger als nur zu feierlichen Anlässen aus seinem Versteck geholt wird.

Trotzdem bleibt er ein kleines harmloses Ding, er zählt nicht zu den eleganten, durchgestylten Möbeln, wie es sich für eine moderne Wohnungseinrichtung gehört, und er ist sicherlich nichts, was eine große Anziehung ausübt. Statt dessen ist unser Fernseher ein Teil des Wohnzimmers geworden, ein wenig abgestoßen an den Ecken wie die übrigen Möbel. Seine Vorderseite ziert eine dicke Staubschicht. Unsere Jungen kann man gelegentlich dabei beobachten, wie sie Muster auf die Mattscheibe malen. Trotz aller Fernsehregeln, die wir eingeführt haben, ertappe ich meine Kinder dabei, daß sie sich in der Enge ihrer Schlafzimmer heimlich ein Programm ansehen. In der Regel schreite ich nicht dagegen ein. Schließlich sehe ich mir auch heimlich »Good Morning America« an, und mein Mann versucht es mit »Wide World of Sports«.

Welchen Platz hat der Fernseher also in unserem heutigen Haushalt?

Wir haben die Tatsache akzeptiert, daß das Fernsehen nicht mehr aus der Welt zu schaffen ist. Wir würden sogar so weit gehen zuzugeben, daß es einen, wenn auch nur geringen, Stellenwert in unserer Familie einnimmt. Aber für uns wird das Fernsehen nie wieder das einzige Fenster zur Welt sein, der einzige Ort, den wir um der Entspannung, der Unterhaltung und der Information willen aufsuchen. Nein, wir haben begriffen, daß dieser elektronische Kasten uns in die Unwirklichkeit entführt und uns nur das zeigt, was wir sehen sollen, und nur dann, wann wir es sehen sollen, und zwar in seiner eigenen, clever manipulierenden Technicolor-Manier.

Während unseres achtjährigen Ringens mit dem Fernseher haben wir uns dazu erzogen, billige Unterhaltung zu erkennen und uns davor zu hüten. Schlechte Sendungen werden einfach abgeschaltet, falls sie überhaupt eingeschaltet wurden. Früher sahen wir uns regelmäßig die Show »Laverne and Shirley« an. Dann kam eine unserer Enthaltsamkeitsperioden, und als wir die Show ungefähr ein Jahr später wieder einmal einschalteten, waren wir erstaunt darüber, wie unecht, langweilig und albern sie war. Fragen Sie mich nicht, was in diesem Jahr mit unserem Geschmack geschehen war. Die gesamte Familie empfand es so. Wir schalteten aus und löffelten statt dessen Eiscreme – ein gar nicht so unglaublicher Ersatz.

Was ich deutlich zu machen versuche, ist, daß es heutzutage ein ziemlich schwieriges Unterfangen ist, seinen Fernsehkonsum erheblich zu reduzieren. Dieses Buch beschreibt unsere Erfahrungen der vergangenen acht Jahre, in denen die Familie Wilkins und andere Familien, die meinem Programm folgten, immer wieder einmal fernsahen, dann wieder nicht, und dann wieder sehr viel. Wir haben die gesamte fernsehkritische Literatur gelesen, an Experimenten zur Abschaffung des Fernsehens teilgenommen, und beschlossen, nur qualitativ hochwertige Kanäle einzuschalten. Schließlich gab ich Kurse über »Die fernsehfreie Woche« an Schulen und entwickelte Workshops für Eltern und Kinder, um das Fernsehproblem unter Kontrolle zu bringen.

All dies trug dazu bei, daß viele Familien das Gefühl bekamen, ihre Fernsehgewohnheiten und damit ihr ganzes Leben besser im Griff zu haben. Die Familie Wilkins hat aufgehört »einzukaufen, wo Amerika einkauft«, »die Zähne mit Colgate zu putzen«, und keine hübsch zurechtgemachte Moderatorin interpretiert mehr die Nachrichten für uns. Unsere Familie hat in bezug auf das Fernsehen ein kritisches Auge sowie eine gewisse Selbstdisziplin entwickelt.

Außerdem gehen wir mit diesem elektronischen Fenster sehr vorsichtig um, da wir gemerkt haben, daß es uns mit nichts verbindet, außer – wie der Schriftsteller Michael Arlen sagt – mit der Illusion, mit etwas verbunden zu sein. Und schließlich meinen wir, daß der ehemalige Fernsehkritiker der *New York Times,* John Leonard, mit seiner Ansicht recht hat:

> *»Das Fernsehen wird nicht sehr ernst genommen, obwohl es dies verdiente. Für Millionen verschmilzt das Fernsehen fünf Stunden täglich, oder sechzig Stunden pro Woche, mit der Umgebung. Schließlich hat der Sechzehnjährige mehr Stunden vor der Röhre verbracht als in der Schule. Die Fernsehzeitung* TV Guide *verkauft sich besser als jedes andere Magazin im ganzen Land.*

Es scheint, daß das Fernsehen, das unbeabsichtigt und ohne Langzeitplanung zu dem wurde, was es heute ist, der Nation im Laufe der Zeit ebenso unbeabsichtigt einiges angetan hat. Ebenso wie unsere Automobilkultur, unser rastloses Autofahren Drive-in-Restaurants und Schnellgaststätten – Auffüllstationen für den Magen – erforderlich machten, so benötigt unsere wuchernde Fernsehkultur schnell genießbare Zerstreuung, billige Unterhaltung, Hamburgers für die Psyche. Das Wohnzimmer wurde in eine Art Auto umfunktioniert: der Bildschirm ist seine Windschutzscheibe; jedes Heim ist mobil; jeder sitzt im Fahrersitz; und alle sehen zur gleichen Zeit die gleiche Aussicht.«[1]

Wenn Sie davon überzeugt sind, daß Sie eine größere Kontrolle über Ihr Leben gewinnen, sobald Sie Ihre Fernsehgewohnheiten in den Griff bekommen, dann wird Ihnen dieses Buch helfen. Es ist dazu gedacht, Eltern zu helfen, das Fernsehen ihrer Kinder einzuschränken. Es gibt viele Bücher, die die Übel des Fernsehens aufdecken und dafür eintreten, Kinder nur ein paar Stunden pro Woche fernsehen zu lassen, aber keines dieser Bücher nennt den Familien Alternativen, wie man mit weniger Fernsehen auskommt. Aufgrund des starken Einflusses des Mediums ist es nicht leicht, das Fernsehen selbst nur geringfügig einzuschränken. Eltern brauchen Richtlinien, die sie unterstützen. Dieses Buch bietet einen solchen Leitfaden an sowie eine Fülle von Aktivitäten, Projekten und Strategien für jedes Familienmitglied.

Der erste Schritt zur Eindämmung des Fernsehproblems in Ihrem Haus ist es, die Gefahren des Gewohnheitssehens zu erkennen, worunter ich mehr als zwölf Stunden Fernsehen pro Woche verstehe.

Das Programm »In vier Wochen fernsehfrei«, das im fünften Kapitel beschrieben wird, soll Ihnen helfen, sich Ihrer Fernsehgewohnheiten bewußt zu werden und dann mit diesen Gewohnheiten zu brechen. Wenn Sie den vierwöchigen Plan befolgt haben, werden Sie die Rolle des Fernsehens im Leben Ihrer Familie beurteilen und Ihr eigenes Programm des selektiven Fernsehens entwickeln können, wodurch Sie eine Menge Freizeit für andere Interessen und Aktivitäten gewinnen.

Schließlich, so urteilt Urie Bronfenbrenner, »liegt die Hauptgefahr des Fernsehens *nicht so sehr in dem Verhalten, das es er-*

zeugt, sondern in dem Verhalten, das es verhindert: die Gespräche, die Spiele und den Gedankenaustausch in der Familie, die einen Großteil des Lernprozesses des Kindes ausmachen und durch die sein Charakter geformt wird«.[2] (Hervorhebung durch die Verfasserin)

2. Wie das Fernsehen unser Leben prägt

Die 28jährige Susan und ihr Mann leben mit ihren zwei Kindern im Vorschulalter in einer kleinen Wohnung. Es herrscht wenig Gemeinschaftsgefühl in dem Vorort, in dem sie wohnen, und Susan muß mit ihren Belastungen als Hausfrau und Mutter im Grunde allein fertigwerden. Spätestens um drei Uhr nachmittags hat sie meist genug, und sie überläßt den Fernseher, der sie durch einen Teil des Tages begleitet hat, ihrer vierjährigen Tochter. Susan braucht Aufmunterung und Entspannung, und der Fernseher bietet ihr beides.
Judy, Mutter von zwei Schulkindern, wurde kürzlich geschieden. Sie hat einen Vollzeit-Job, und nach der Schule sehen ihre Kinder fern, bis sie um fünf Uhr nachmittags nach Hause kommt. Judy hat zwar deswegen ein schlechtes Gewissen, aber zumindest weiß sie, wo ihre Kinder sind und was sie machen. Weil sie das Abendessen kochen und Hausarbeiten erledigen muß und außerdem müde ist, bleibt der Fernseher bis in die Abendstunden an.
»Na und?«, fragen Sie vielleicht. »Es gibt nun einmal dieses Medium, und ein wenig Fernsehen wird niemandem schaden.«
Das ist richtig. Ein wenig schadet nicht. Aber was klein anfängt, kann rasch überhandnehmen. So hat ein Bericht der Obersten Gesundheitsbehörde aus dem Jahre 1972 festgestellt, daß ein amerikanisches Kind im Durchschnitt sechs Stunden pro Tag fernsieht – fast ebensoviel Zeit, wie es im Klassenzimmer verbringt. Und manche Kinder kommen sogar auf vierundfünfzig Fernsehstunden pro Woche.[1]
Das ist eine ernste Sache. Untersuchungen, die ich in verschiedenen Vorstadtgebieten in New York und New Jersey durchgeführt habe, liefern weitere Erkenntnisse darüber, wie weit das Fernsehen in den amerikanischen Mittelstandshaushalt eingedrungen ist:

1. die meisten Familien besitzen mindestens drei und maximal fünf Fernsehapparate;

2. mindestens ein Gerät in jedem Haushalt ist ein Farbfernseher;
3. die Geräte befinden sich in den zentralen Wohnräumen, wie Eßzimmer, Küche, Schlafzimmer und Wohnzimmer;
4. selten sehen Familien gemeinsam fern;
5. meist wissen die Eltern nicht, was ihre Kinder ansehen; und
6. drei Viertel der Personen, die befragt wurden, wären nicht bereit, auch nur eine Woche lang auf das Fernsehen zu verzichten, nicht einmal versuchsweise.

Angesichts dieser einfachen Fakten kann man sich leicht vorstellen, welchen Einfluß das Fernsehen auf das Verhalten zwischen den Mitgliedern einer gewöhnlichen Vorstadtfamilie ausübt. Man kann nun folgendes annehmen:
1. Fernsehen ist eine einsame Freizeitbeschäftigung. Kinder müssen keine Programme heraussuchen und auswählen und den Fernseher nicht mit Eltern und Geschwistern teilen. Wenn es mehrere Fernseher im Haus gibt, findet das Kind immer einen, der gerade nicht läuft, und schaltet ihn ein;
2. viele Eltern verlieren deshalb die Kontrolle über den Fernsehkonsum ihrer Kinder; und
3. während der Mahlzeiten der Familie sind in der Regel die Fernsehnachrichten eingeschaltet.

In den Anfängen des Fernsehens war das Medium ein Dessert, das die Familie nach dem Abendessen, der täglichen Hausarbeit, nach Gesprächen und Schulaufgaben gemeinsam genoß. Aber was in den 50er Jahren als Dessert anfing, ist heute zur vollen Mahlzeit geworden, von der Suppe bis zum Nachtisch.
In seinen frühen Jahren war das Fernsehen ganz anders. Es war vor allem »live«. In den Sendungen passierten alle möglichen Pannen, und sie wurden vor einem wirklichen Publikum ausgestrahlt. Es gab einen strengeren ethischen Kodex in der Programmgestaltung. Das Schwarzweißfernsehen war weniger realistisch und ansprechend als das heutige Farbfernsehen. Es gab weniger Programme und Sender. Als Folge davon verbrachten die Zuschauer weniger Zeit vor dem Fernseher und hatten mehr Zeit für andere Interessen.
Dann tauchte eine kleine Erfindung auf, die Familien mit Sicherheit dazu verleitete, ihr Leben auf den Fernseher hin auszurichten – Fernsehtische. Zumal die Fernseher kleiner und

tragbar wurden, ermöglichte es der Fernsehtisch, während der Mahlzeiten bequem fernzusehen. Die Industrie lernte schnell, daß sich der Zuschauer, wenn es ihr gelang, ihn mit den Nachrichten an den Angelhaken zu bekommen, für den Rest des Abends wahrscheinlich nicht mehr von der Stelle rühren würde. Und so wuchs eine Generation heran, die willig und bereit war, Gesellschaftsspiele, Geschichtenerzählen und Familiengespräche gegen den Fernsehsessel einzutauschen.

Angesichts der Tatsache, daß 98 Prozent aller amerikanischen Haushalte einen Fernseher haben (die Zahl der Wohnungen, die die Toilette innen haben, ist geringer), daß inzwischen Millionen von Haushalten an das Kabelfernsehen angeschlossen sind und daß eine weitere Zahl versuchsweise an Zweiwegsysteme, das sogenannte Interaktionsfernsehen, angeschlossen wurden, dürfte die folgende Statistik niemanden überraschen. Die Amerikaner/innen verbringen derzeit im Schnitt jährlich 2300 Stunden vor dem Fernseher.[2] Fernsehen kommt unter den Lieblingsbeschäftigungen der Kinder gleich nach dem Schlafen an zweiter Stelle.[3] Darüber hinaus haben die Kinder in diesem Land, laut Roger Fransecky, Psychologe und Berater bei CBS, schätzungsweise zwischen 5000 und 8000 Stunden ferngesehen, bevor sie in den Kindergarten kommen.[4] Die Karikatur im *New Yorker* hat gar nicht so unrecht: ein Ehepaar sitzt vor einem riesigen Bildschirm; der Mann sagt zu seiner Frau: »Einunddreißig Jahre lang gemeinsam ferngesehen ... das ist doch immerhin etwas!«

Das Fernsehen bahnte sich langsam seinen Weg in das soziale Gefüge der Nation und ersetzte mit der Zeit Gespräche durch Schweigen, Gutenachtgeschichten durch Unterhaltungsserien und das gemütliche Zusammensein durch das Starren auf den Fernseher. John Leonard hat es treffend ausgedrückt: »Das Fernsehen ist nicht bloß ein Teil der Umwelt – es *ist* die Umwelt.«[5]

Um die Rolle des Fernsehens in der amerikanischen Gesellschaft klar zu erkennen, muß man sich überlegen, welche Bedeutung man ihm beimißt. Der Fernseher ist sicherlich mehr als nur ein weiteres elektronisches Gerät, wie etwa das Radio oder der Plattenspieler. Das Fernsehen hat die Möglichkeit, in lebensechter Farbe viele ungeladene Gäste in Ihr Wohnzimmer zu bringen.

Erstens ist das Fernsehen ein *Verkäufer*. Die meisten von uns sind ziemlich skeptisch gegenüber Handelsvertretern, die an unsere Tür klopfen oder uns telefonisch Sonderangebote unterbreiten. Das Fernsehgerät berieselt uns dagegen Tag für Tag mit kommerziellen Botschaften – in den USA 350000 von der Geburt eines Kindes bis zum Abitur.[6] In vielen Fällen sind die Sendungen von zweitrangiger Bedeutung gegenüber den Waren, die angepriesen werden. Schließlich kann man im amerikanischen Fernsehen kein Programm senden, das nicht genügend Sponsoren hat.

Zweitens ist das Fernsehen ein *Lehrer*. Viele Familien wählen ihren Wohnort im bestmöglichen Schulbezirk für ihre Kinder. Darüber hinaus geben eben diese Eltern im Laufe der Schuljahre Tausende von Dollars für die Erziehung ihrer Kinder aus. Eltern fragen ihre Freunde und Nachbarn ständig über Lehrer aus, und viele wählen jährlich die besten für ihre Kinder selbst aus. Aber genau dieselben Eltern scheinen sich merkwürdigerweise nicht bewußt zu sein, daß ihre Kinder außerhalb der Schule von einer Anzahl anonymer Lehrer im Fernsehen unterrichtet werden, die nach einem Lehrplan vorgehen, der den Eltern so gut wie unbekannt ist. Dieser Lehrplan umfaßt jeden Aspekt des Lebens, angefangen bei den Wertvorstellungen, die die Kinder annehmen, bis zu den Jeans, die sie tragen.

Und drittens ist das Fernsehen ein *Gefährte*. Wenn die Kinder von der Schule nach Hause kommen, eilen viele nach einer kurzen Begrüßung direkt zum Fernsehen. Sie verbringen den Rest des Nachmittags mit einem Gefährten, der nicht mit ihnen spricht, ihnen keine Fragen stellt und beim Spiel keine Kooperation von ihnen verlangt.

Haben Sie sich je gefragt, warum sich ihre Kinder in der Gesellschaft ihres Fernsehers so wohlfühlen? Schauen Sie sich die Sendungen an, die sie sehen. Zu den Lieblingssendungen der amerikanischen Kinder gehören »The Brady Bunch«, »Eight Is Enough« und »Different Strokes«, die alle die »typische« amerikanische Familie zeigen. Ohne die geringste Mühe – mit viel Spaß und wenig Arbeit – werden Kinder Teil einer Familie. Wenn man sich die Fernsehfamilien aber einmal näher ansieht, fällt einem auf, daß die Charaktere in diesen Serien selber nie fernsehen. Sie sind zu sehr mit den Dingen beschäftigt, die aktive, lebhafte, normale Kinder gern tun – spielen, an Wettbewerben teilnehmen, Partys feiern, einander Streiche spielen, Arbeiten erledigen und miteinander telefonieren.

Warum finden Kinder diese und ähnliche Sendungen so anziehend? Vielleicht, weil sie den Kindern ein ideales Bild vom Familienleben vermitteln, an dem Eltern sich beteiligen, Menschen miteinander reden und das Zusammenleben Spaß zu machen scheint. Kurzum, es bereitet Kindern Vergnügen, sich diese Fernsehphantasien von Familienleben anzuschauen. Sie träumen davon, so ein Leben zu führen, wenn ihnen nur jemand zeigte, wie man das macht. »Kommunikation und gemeinsame Unternehmungen mit den Eltern sind die Erfahrungen, nach denen sich die Jugend am meisten sehnt«, stellt eine Kommission des Kanadischen Radio-TV fest.[7] Viele Kinder erkennen auf geradezu angeborene Weise ihr Bedürfnis, ihr eigenes Leben und das Leben ihrer Familie mitzugestalten. Fernsehgefährten befriedigen dieses Bedürfnis, wenn auch nur stellvertretend.

Dr. Dorothy Cohen vom Bank Street College of Education in New York City warnt Eltern gerade vor diesem Punkt:

> *»Kinder brauchen vor allem Menschen. Eltern und Lehrer müssen endlich aufwachen und sich bewußtmachen, daß sie das Fernsehen als Ersatz für sich selbst benutzen, so wie das Fernsehen Karikaturen als Ersatz für die Bilder wirklicher Menschen benutzt. Kinder können keine humanen Wesen werden, wenn sie sich überwiegend auf das Abbild eines Abbildes beziehen oder bestenfalls auf ein nicht reagierendes, nicht berührbares Abbild einer Person.*
>
> *Kinder verlieren so langsam den Kontakt mit Menschen, genauso wie es der Fall ist, wenn Handwerker, kleine Geschäftsleute und gute Nachbarn durch große unpersönliche Organisationen ersetzt werden. Erwachsene können ihren modernen Lebensstil nicht auf Kinder übertragen, weil es für Kinder nicht leicht ist, Verständnis für Büroarbeit und komplizierte Maschinen aufzubringen. Darüber hinaus sind Eltern so gehetzt, daß es ihnen schwerfällt, sich Zeit für ihre Kinder zu nehmen, selbst wenn sie es wollen.*
>
> *Die ganze Gesellschaft vertraut allmählich immer mehr dem Abbild einer Sache statt der Sache selbst. Das Fernsehen ist nicht besser oder schlechter als der Rest der Gesellschaft, aber es ist das wichtigste Instrument, mit dem wir gegenwärtig den Prozeß der Entfremdung in unserer Jugend beschleunigen und in die Entwicklung der Ichstärkung eingreifen, die hauptsächlich durch den Kontakt mit der Realität vorankommt und*

nicht durch Bilder, durch Anteilnahme und Austausch mit Menschen und Dingen und nicht durch Passivität und Nachahmung.«[8]

Es gibt auch offenkundige Anzeichen dafür, daß Erwachsene vom Fernsehen beeinflußt werden. Viele Menschen benutzen das Fernsehen als Flucht vor den Belastungen des Alltags. Das Fernsehen wurde zum wichtigsten Mittel der Entspannung nach einem schweren Tag im Büro. Eine Forschungsgruppe von UCLA unter der Leitung von Roderic Gorney fand jedoch heraus, daß das Fernsehen Spannung und Aggression eher steigern als verringern kann. In dieser Studie wurden 183 in Los Angeles lebende Paare gebeten, sich spezielle Sendungen anzusehen.[9] Die Sendungen gliederten sich in vier Kategorien: brutale Gewalt, praktisch-hilfreiche Themen, leichte Unterhaltung sowie eine Mischung aus allen dreien. Die Männer wurden angewiesen, sich nur Sendungen einer einzigen Kategorie auszuwählen und sich nur diese eine Woche lang anzusehen. Währenddessen beobachteten die Frauen heimlich das Verhalten ihrer Männer.

Die Resultate ließen Veränderungen des Verhaltens als Folge des Fernsehens erkennen. Zum Beispiel nahmen bei jenen, die Kooperation fördernde Sendungen wie »Die Waltons« sahen, destruktives Verhalten und Aggressionen deutlich ab. Sie neigten viel eher dazu, mit einem kranken Kind zu spielen oder ihren Kindern bei den Hausaufgaben zu helfen. Hingegen verhielten sich die Männer, die Sendungen gewalttätigen Charakters sahen, kaum anders oder sie wurden aggressiver. Es kam häufig vor, daß sie Streit anfingen oder Spielzeug mit dem Fuß wegstießen, das auf dem Wohnzimmerboden liegengeblieben war.

Wenn ich Workshops leite, beschweren sich viele Frauen bei mir, ihre Männer seien so fernsehsüchtig, daß sie kaum ihre Familie um sich herum wahrnehmen. Manche geben dem Fernsehen die Schuld an ihrer schlechten Ehe. Lawrence Friedman, Psychiater aus Los Angeles, sagt: »Ich bin überzeugt, daß mindestens 50 Prozent aller Scheidungen in diesem Land unnötig sind. Und das liegt nur daran, daß das Fernsehen uns einfache Lösungen für schwierige Probleme lehrt. Ich höre oft: ›Wenn ich bloß dieser Ehe entfliehen könnte, dann wäre alles in Ordnung.‹ Unsinn!«[10]

Nach einer Untersuchung der Annenberg School of Communications können noch weitere Verhaltensweisen von Erwachsenen auf das Fernsehen zurückgeführt werden. Es stellte sich heraus, daß Menschen, die hauptsächlich Kriminalfilme ansehen, sich eher einen Hund oder sogar eine Pistole zu ihrem Schutz anschaffen, neue Schlösser an Türen und Fenstern installieren und Stadtgebiete meiden, die sie für gefährlich halten.

An diesem Punkt müßte man wohl fairerweise fragen: »Aber Moment mal, das Fernsehen ist doch sicher nicht nur schlecht, oder?« Die Antwort lautet natürlich nein.

Schließlich dient das Fernsehen mehreren guten Zwecken. Ältere Menschen und Behinderte, denen es schwerfällt, ihr Haus zu verlassen, können viel vom Fernsehen lernen, und sie bleiben auch mit der Welt in Kontakt. Junge, ans Haus gebundene Mütter und Väter können hervorragende Theaterinszenierungen sehen sowie viele »Gewußt-wie«-Tips aus den verschiedensten Sendungen sammeln. Eine Familie, die sich keinen Babysitter leisten kann, hat Gelegenheit, zu Hause Spielfilme zu sehen. Millionen Menschen, die außerhalb der Großstädte leben, können – wenn sie wollen – erstklassige Ballett-, Konzert- und Opernaufführungen sowie Sportveranstaltungen genießen. Und wir alle können viele einmalige Ereignisse der Zeitgeschichte miterleben – den ersten Schritt des Menschen auf dem Mond, den Amtsantritt eines Präsidenten, die Hochzeit eines Prinzen und einer Prinzessin.

Außerdem gibt es so etwas wie gute Programmgestaltung. Die amerikanische Eltern- und Lehrervereinigung PTA veröffentlicht jedes Jahr eine Liste empfehlenswerter Programme, die einen positiven Beitrag zur Qualität des Familienlebens leisten. In der Vergangenheit standen auf solchen Listen etwa »Little House on the Prairie«, »World of Disney«, »The Waltons«, »Sixty Minutes« und »Eight Is Enough«. Die PTA prangert andererseits auch Sendungen an, die wegen Gewalt und Sex schlecht bewertet werden. Auf dieser Negativliste erschienen unter anderem »Soap«, »Three's Company«, »Kojak«, »Charlie's Angels«, »Starsky and Hutch« und »The Dukes of Hazzard«.

Es muß jedoch betont werden, daß es die Erwachsenen sind, die am meisten vom Fernsehen profitieren – sei es nun gut, schlecht oder indifferent. Ihre wichtigste Wachstums- und Lernphase mögen sie hinter sich haben. Kinder dagegen wachsen und lernen jeden Tag. Es ist zugleich unfair und gefährlich, sie von der wirklichen Welt abzuschneiden, bevor sie eine Möglichkeit haben, sie zu erleben, und sie ihrer kreativen, intellektuellen und physischen Fähigkeiten und Energien zu berauben, bevor sie die Chance hatten, sie zu nutzen.

Während eines Fernsehvortrags, den ich vor kurzem hielt, meinte eine Teilnehmerin aus dem Publikum, ich sei unfair in bezug auf das, was das Fernsehen für ältere Menschen bedeutet. Sie war der Ansicht, daß den älteren Menschen außer dem Fernsehen nicht viel bleibe, was ihnen ein Fenster zur Welt öffne, und daß ich nicht so kritisch gegenüber dem Medium sein sollte, soweit es diese Menschen betrifft. Ich stimmte ihr zu, aber damit war meine Frage nicht beantwortet: »Wollen wir, daß unsere Jugend ihr Leben genau so beginnt, wie unsere Senioren es beenden?«

Sicherlich liegt es in der Macht der Eltern, den Fernsehkonsum ihrer Kinder zu kontrollieren, aber vielen scheint es an der Energie zu mangeln, dies auch zu tun. Merkwürdigerweise fühlen sich die Eltern schuldig, weil sie mit den neuesten Untersuchungen vertraut sind, die darauf hindeuten, daß zuviel Fernsehen besonders für Kinder schädlich ist, und dennoch gehen sie das Risiko dafür ein, zwei, drei Stunden für sich zu sein.

Das Problem läuft also darauf hinaus, einen Weg zu finden, wie man das Fernsehen nutzt und nicht mißbraucht. Um die Fernsehgewohnheiten in Ihrer Familie erfolgreich in dieser Richtung zu ändern, müssen Sie selbst davon überzeugt sein, daß alle Familienmitglieder von einem Programm des selektiven Sehens profitieren werden.

3. Die Gefahren des Fernsehens

Das Fernsehen ist über uns hereingebrochen. Wir waren auf seinen Angriff ebensowenig vorbereitet wie auf Billignahrung ohne Nährwert, undichte Kernkraftwerke oder Überlebenstechniken für das Wohnen in Vororten. Das Fernsehen drang in unsere Häuser ein und vermehrte sich um das Drei-, Vier- und Fünffache; es drängte uns seine Moral, seine Wertvorstellungen und seinen Lebensstil auf. Inzwischen ist es quasi ein Mitglied der Familie geworden, manchmal dasjenige, mit dem wir die meiste Zeit verbringen. Was noch schlimmer ist, die Auswirkungen des Fernsehens haben sich lautlos, aber dauerhaft bei uns eingeschlichen, und zwar in einem Grad, daß sie die ganze Nation erfassen.

Genauso wie es Monate oder Jahre dauert, bis ein Mensch Übergewicht ansammelt, so braucht es auch Monate oder Jahre exzessiven Fernsehens, bis sich die schädlichen Auswirkungen des Fernsehens bemerkbar machen. Die Gefahren des Fernsehens setzen jedoch schon sehr früh im Leben ein. Neil Postman, Professor für Kommunikationswissenschaft an der New York University, der ausführlich über die Folgen des Fernsehens geschrieben hat, behauptet folgendes: »Das Medium Fernsehen wird Kindern ungefähr ab dem sechsunddreißigsten Monat verständlich. Von diesem sehr frühen Alter an übt das Fernsehen ununterbrochen Einfluß aus.«[1] Säuglinge in Hörweite eines eingeschalteten Fernsehers scheinen den Apparat weder zu bemerken, noch auf ihn zu reagieren. Wenn diese Kinder jedoch anfangen, Laute zu artikulieren, kann ihre Sprache gestört sein, da die Kinder die Klänge nachahmen, die sie gehört haben – Fernsehtöne. »Kinder lernen sprechen, indem sie mit wirklichen Menschen sprechen, und nicht, indem sie mechanisch reproduzierter Sprache zuhören. Wenn wirkliche Menschen sprechen, vermitteln sie die Bedeutung von Worten, während das Fernsehen nur Laute reproduziert – ein feiner, aber entscheidender Unterschied, der Babys verwirren kann«, erklärt die Association of Assistant School Mistresses.[2]

Später kommen diese Kleinen in den Kindergarten und beherrschen schon das Erkennen von Buchstaben und Zahlen; aber ungefähr in der dritten oder vierten Klasse, wenn sie bekannte Wörter schreiben, Gedanken aneinanderreihen und kreativ und umfassend denken sollen, dann versagen viele dieser Kinder, weil sie nur gelernt haben, Bilder und von anderen geäußerte Worte zu verstehen. Im Laufe der Jahre sind sie zu Abbildern von Fernsehfiguren geworden und haben sogar deren Körperbewegungen und Sprachmuster übernommen. Bei Jugendlichen zeigen sich die Folgen des Fernsehens sogar noch deutlicher. Viele sind außerstande, zurechtzukommen, sich verständlich auszudrücken und haben häufig Wertvorstellungen, die weitgehend von Erwachsenen in Hollywood diktiert werden.
Da das Fernsehen nun schon vierzig Jahre lang ein Teil unseres Lebens ist, haben Kritiker und Forscher damit begonnen, die Auswirkungen des Fernsehens auf uns und unser Familienleben zu analysieren.
Im Jahre 1977 schrieb Marie Winn, Autorin mehrerer Bücher für Eltern und Kinder, ein vieldiskutiertes Buch mit dem Titel *Die Droge im Wohnzimmer,* das auf Interviews bezüglich der Fernsehgewohnheiten von Mittelschichtfamilien in New York City und Denver basiert. In dem Buch behauptet sie, das Fernsehen habe die Lese- und Schreibfähigkeiten vermindert, zu einer Verarmung der Sozialisationserfahrungen geführt, die Kernfamilie zersplittert, den Drogenkonsum gesteigert, hyperaktives Verhalten gefördert und eine Generation gefühlloser Kinder heranwachsen lassen.
Der Bericht der Obersten Gesundheitsbehörde über Fernsehen und Sozialverhalten aus dem Jahre 1972, der viele Argumente von Frau Winn vorweggenommen hat, kommt zu dem Schluß, das Fernsehen habe dazu beigetragen, daß Gespräche, Briefe schreiben und Besuche bei Freunden selten geworden sind. Was dem Fernsehen ständig zum Opfer fällt, ist der Schlaf (Fernsehsüchtige schlafen weniger), das Radiohören und die Lektüre von Büchern. Fernsehkinder neigen laut diesem Bericht dazu, passiv, schüchtern und unkonzentriert zu sein.
Kinderärzte, die auf eine Umfrage der Amerikanischen Ärztekammer antworteten, machten das Erleben von Gewaltdarstellungen im Fernsehen für erhöhte Aggressionen bei Kindern, für hyperaktives Verhalten, für Alpträume und Verletzungen beim Nachahmen von Fernsehhandlungen verantwortlich. Von

den 147 Ärzten, die auf die Umfrage antworteten, sagten nahezu 14 Prozent, sie hätten Patienten mit Verhaltensstörungen und Gesundheitsschäden gehabt, die man auf Gewaltdarstellungen im Fernsehen zurückführen könnte. Weitere 41 Prozent sagten, sie »vermuten einen Zusammenhang«.[3]
Lehrer entdecken allmählich ebenfalls beunruhigende Symptome. Nancy Larrick, die Lehrer entlang der Ostküste interviewte, berichtete darüber in der *New York Times*; Fernsehkinder seien müde, wenn sie in die Schule kommen, da sie in der Nacht davor zuviel oder schon am Morgen vor der Schule ferngesehen haben; ihr Blick sei glasig und starr, und sie seien hyperaktiv oder ausgesprochen apathisch.
In Fernsehforschungszentren an Universitäten, wie zum Beispiel Yale, Harvard oder UCLA, und in der Annenberg School of Communications an der University of Pennsylvania werden die Wirkungen des Fernsehens laufend untersucht. Die National PTA, die American Medical Association und verschiedene religiöse Organisationen unterstützen sie dabei. Ihre Beobachtungen und Beurteilungen konzentrieren sich dabei auf folgende Themenbereiche.

Geschwächtes Vorstellungsvermögen

Für Kinder ist es lebenswichtig, sich ein eigenes Bild von der Welt zu machen und sich Phantasiewelten zu schaffen – kurzum, ihre Vorstellungskraft nutzen zu können. Fernsehkindern wird dieses Recht verwehrt, und sie haben infolgedessen einen Teil ihres Vorstellungsvermögens verloren. Ihr Spiel ist weder kreativ noch imaginativ. Fernsehkinder ahmen Superhelden aus dem Fernsehen nach, sagt Ann Stahl, Grundschullehrerin an der privaten Green Meadow Waldorf-Schule in Spring Valley, New York. (Die Waldorf-Philosophie geht davon aus, daß Kinder durch eigenes Tun, Denken und Spielen lernen – also nicht durch das Fernsehen.) »Es gibt Kinder, die sich Handtücher oder ähnliches umhängen und auf den Tisch steigen, um Batman nachzuahmen. Sie laufen ziellos umher, prügeln sich und schreien fast den ganzen Tag. Es ist sehr schwer, Fernsehkinder dafür zu interessieren, sich eine Geschichte oder überhaupt irgend etwas anzuhören. Ihre Bemerkungen, ihr Sprachmuster und Vokabular klingen wie die Auf-

zeichnung einer Fernsehshow. Mädchen«, sagt Ann Stahl, »haben ein außergewöhnliches Talent dafür, die Charaktere zu imitieren, die sie im Fernsehen gesehen haben.«
Kinder haben schon immer die Rollen ihrer Lieblingshelden und -figuren im Spiel nachgeahmt – das ist überhaupt nichts Neues. Aber aufmerksame Beobachter von übermäßigen Fernsehkonsumenten finden, daß diese Kinder ihrem, sagen wir, »Raumschiff-Enterprise«-Spiel nichts Originelles oder Phantasievolles hinzufügen. Sie kennen die Anordnung der Raumfähre »Enterprise«. Und vom stundenlangen Zuhören wissen sie genau, wie Captain Kirk und Mr. Spock und all die anderen klingen. Ihr Spiel ist einfach eine Nachinszenierung dessen, was sie am Abend zuvor gesehen haben. Die Phantasie, die den jungen Geist nährt und anregt, liegt brach.
Selten lernen diese Kinder, welch harte Arbeit es erfordert, sich beim Lesen eines Buches oder beim Radiohören eine bildliche Vorstellung davon zu machen. Das fernsehlose Kind von Anno dazumal mußte sich bei der Lektüre von der Hexe oder dem Helden »ein Bild machen«, wozu seine eigene individuelle Vorstellungskraft erforderlich war.
Phantasielose Fernsehkinder vergessen manchmal sogar zu spielen. Eine Mutter von zwei Mädchen erzählte mir: »Sie sitzen herum und warten, daß ihre Fernsehsendungen anfangen, während ihr Spielzeugschrank unberührt und aufgeräumt dasteht. Wenn sie doch einmal spielen, besteht ihre Tätigkeit darin, von einer Sache zur anderen zu springen, eine große Unordnung zu machen und nach etwa zwanzig Minuten dem Chaos den Rücken zu kehren. Ich glaube, sie wissen gar nicht mehr, wie man spielt.«
Viele Leute behaupten, daß Fernsehsendungen die Phantasie anregen, da sie Kinder mit Dingen konfrontieren, die sie sonst nicht sehen oder hören würden. Gelegentlich ist dies vielleicht der Fall, aber in der Regel serviert das Fernsehen dem Zuschauer, ob jung oder alt, Informationen, die durch und durch »vorgekaut« sind. In den meisten Fällen wird der Zuschauer kaum zum Mitdenken angeregt oder von ihm überhaupt eine Reaktion gefordert – was das Fernsehen ihm serviert, muß er nicht einmal kauen.
Forscher der Harvard University kamen in einer Untersuchung zu dem Schluß, daß die Art und Weise, wie ein Mensch Informationen aufnimmt, einen Einfluß darauf hat, wie das Gehirn

sie verwerten kann. Howard Gardner, der Leiter des Projekts, glaubt, daß »Fernsehkinder selten über die Bildersprache hinausgehen, also weder dem akustischen Anteil große Aufmerksamkeit schenken oder gar die Fernseherfahrungen mit ihren eigenen wirklichen Lebenserfahrungen verbinden«.[4] In der Untersuchung stellte sich nicht nur heraus, daß sich Kinder nicht nur besser an Geschichten erinnern, die ihnen vorgelesen wurden, als an Geschichten, die sie im Fernsehen gesehen haben, sondern daß sie sich auch die Sprache einer gelesenen Geschichte besser ins Gedächtnis zurückrufen können. Kinder scheinen auch – im Gegensatz zum Fernsehen – eher dazu zu neigen, ihre eigenen Erfahrungen in eine gelesene Geschichte zu integrieren sowie Schlußfolgerungen aus dieser zu ziehen.

Haben Kinofilme dieselben schädlichen Auswirkungen auf die Phantasie des Kindes wie das Fernsehen? Es gibt einige positive Aspekte des Kinobesuchs, die die negativen überwiegen. Wenn Sie ein Kind ins Kino mitnehmen (oder selbst ins Kino gehen), ist dies kein passives, isoliertes Erlebnis. Es ist ein Ausflug außer Haus, bei dem man Gelegenheit hat, mit der Familie und Freunden soziale Kontakte zu pflegen. Man hat auch die Möglichkeit, auf dem Heimweg zu diskutieren. Darüber hinaus haben Sie sich entschieden, einen besonderen Film zu einer bestimmten Zeit anzusehen statt bloß passiv aufzunehmen, was gerade zufällig in der Röhre angeboten wird.

Die Konfrontation mit Gewalt und anderen ungeeigneten Themen und Sprachformen

Jeder hat schon einmal gesehen, wie Kinder mit »Peng-Peng« aufeinander losgehen und tot umfallen, wenn sie »erschossen« wurden. Diese Kinder haben wahrscheinlich noch nie einen Schußwechsel erlebt – zumindest nicht im wirklichen Leben. Psychologen glauben, daß Gewalt ein erlerntes Verhalten ist, und wissenschaftliche Erkenntnisse haben ergeben, daß Kinder Gewalt tatsächlich über das Medium Fernsehen lernen.

Eine Untersuchung von Dr. Albert Bandura, Psychologe an der Stanford University, demonstrierte sehr augenfällig, wie Kinder Gewaltdarstellungen im Fernsehen nachahmen. Dr. Bandura bildete zwei Kontrollgruppen von Jugendlichen. Die

erste Gruppe sah sich ein Videoband an, auf dem ein Erwachsener eine aufgeblasene, lebensgroße Gummipuppe schlug, schubste, auf sie einboxte und sich schließlich auf sie setzte. Nachdem die Kinder die Bandaufnahme gesehen hatten, gab man ihnen eine ähnliche Puppe, und sie fingen an, die Puppe genauso zu behandeln, wie sie es im Fernsehen gesehen hatten. Die zweite Gruppe sah dieses Videoband nicht. Statt dessen führte man sie in einen Raum, in dem sich ebenso eine Puppe befand. Ihr Umgang mit der Puppe war originell und entbehrte jeglicher Gewalttaten.[5]
Angesichts der Tatsache, daß der durchschnittliche Zuschauer acht größere Gewalthandlungen pro Stunde sieht – die Wiederholungen brutaler Zeichentrickfilme, Polizeifilme, Brutalität im Sprachgebrauch und all das »komische« Schlagen, Stoßen und Autos-über-Abhänge-Hinabstürzen sind hier gar nicht mitgerechnet –, muß man annehmen, daß diese Erlebnisse schließlich Auswirkungen haben werden, und das ist auch tatsächlich der Fall.[6] Zehn Jahre nach dem Bericht der Obersten Gesundheitsbehörde über Fernsehen und Sozialverhalten überprüfte das National Institute of Mental Health die Daten und Studien, die seit 1970 veröffentlicht wurden, und kam zu dem Schluß: »Der Großteil der Forscher stimmt darin überein, daß Gewalt im Fernsehen zu aggressivem Verhalten bei Kindern und Jugendlichen führt, die solche Sendungen sehen. ... Gewaltdarstellungen im Fernsehen stehen in genauso enger Wechselbeziehung mit aggressivem Verhalten wie alle anderen Verhaltensweisen, die gemessen wurden.«[7] Man stellte vier Theorien auf, die die Verbindung zwischen Fernsehen und Gewalt belegen sollten:

1. Lernen durch Beobachten (Kinder lernen durch Sehen),
2. Änderung der Einstellung (Fernsehen macht Kinder mißtrauisch gegenüber der Umwelt),
3. Erregung (Kinder werden durch das Ansehen von Gewalt im Fernsehen in Erregung versetzt und
4. Rechtfertigung (Gewalt und Aggression von Fernsehhelden rechtfertigt die Aggressivität der Kinder).

Eine Untersuchung der ABC deutet darauf hin, daß 22 Prozent aller Jugendstraftaten von Fernsehsendungen angeregt wurden. Im Jahre 1981 wurde ein neunjähriger Junge, der angeklagt war, weil er mit einer Spielzeugpistole eine Bank in New York City überfallen hatte, von seinem Anwalt mit dem Argu-

ment verteidigt, daß das Kind durch das Fernsehen auf diese Idee gekommen wäre. In einem anderen Fall erschoß ein Vierzehnjähriger seinen jüngeren Bruder, als er eine Szene aus dem Film »Dirty Harry« nachspielte. Daniel Schorr, Washingtoner Korrespondent von Cable News Network, sieht in John Hinckley, der wegen Mordversuchs an Präsident Reagan angeklagt wurde, einen »Medien-Freak«, einen jungen Menschen, der Tausende von Stunden allein ferngesehen habe. Schorr berichtet, Hinckley habe gegenüber *Newsweek* geäußert, daß viel Fernsehen »sehr gefährlich« sei. Zur Berichterstattung über seinen Mordversuch sagte Hinckley, auch wenn ihn die Publicity freute: »Es ist im Grunde schlecht, weil es andere Leute beeinflussen wird.«[8]
Die Fälle von TV-inspirierter Gewalt sind nicht immer so dramatisch; ein achtjähriger Junge sagte mir, das Schlimme am Fernsehen sei, daß »wir allmählich glauben, wir könnten Probleme mit Faustkämpfen lösen, wie sie es im Fernsehen tun«. Dr. Charles Atkins und Dr. Bradley Greenberg vom Fachbereich Kommunikationswissenschaft an der Michigan State University haben Kinder der sechsten bis achten Klasse untersucht. »Uns interessierte, wie Kinder normalerweise auf alltägliche Anzeichen von Aggression reagieren, und wir stellten fest, daß diejenigen, die brutale Sendungen sahen, zu viel aggressiveren Lösungen neigen würden.«[9]
Ein weiterer negativer Aspekt der Auswirkung von Gewaltdarstellungen im Fernsehen auf Kinder wurde in einer Untersuchung aufgedeckt, die die Foundation for Child Development in New York City im Jahre 1979 durchführte. Die Ergebnisse zeigten, daß Kinder, die übermäßig fernsehen, größere Angsthasen waren und eher Alpträume hatten als Kinder, die weniger fernsahen. Das ist keineswegs verwunderlich, wenn man bedenkt, daß ein Gewohnheitszuschauer im Alter von vierzehn Jahren mehr als 11000 Fernsehmorde erlebt hat.[10]
Im Jahre 1979 bestätigte der Bericht »A Ten-Year Study of TV Violence« der Annenberg School of Communications, daß regelmäßig fernsehende Schulkinder ein übertriebenes Gefühl von Gefährdung und Mißtrauen hatten, verglichen mit Kindern, die nur wenig fernsahen. Die Studie stellte außerdem fest, daß Fernsehkinder eher glaubten, die Polizei wende häufig Gewalt an und schieße auf fliehende Verdächtige.
Wodurch unterscheiden sich Gewaltdarstellungen im Fern-

sehen von denen in traditionellen Märchen, in denen auch von blutigen Zwischenfällen und schrecklichen Bösewichtern erzählt wird? Es steht zumindest fest, daß sich die meisten Kinder Gewaltszenen im Fernsehen alleine ansehen. Ihre Eltern oder Babysitter sind oft in einem anderen Teil des Hauses, während Monster, Mörder oder verschiedene andere Scheusale das Kind »unterhalten«. Das Kind empfindet zwar Furcht, hat aber keine Möglichkeit, seine Furcht oder Bestürzung loszuwerden. Ein Märchen dagegen wird einem kleinen Kind meist vorgelesen, während es sicher und geborgen auf Mamas oder Papas Schoß sitzt. Wenn es sich ängstigt, fühlt es sich durch die Gegenwart der Eltern dennoch sicher. Fragen können beantwortet und Rätsel gelöst werden, sobald sie auftreten. Ängste können beschwichtigt werden und, was noch wichtiger ist, es findet Kommunikation zwischen zwei menschlichen Wesen statt.
Das Fernsehen ermutigt nicht nur zu vergleichbaren Gewalthandlungen und verängstigt Kinder; es kann auch dazu führen, gefühllos zu werden. Um bei gestörten Menschen unerwünschte und unsoziale Gefühle auszuschalten, benutzen Psychologen eine sogenannte imaginale Desensibilisierungstechnik. Mit Bild- und Phantasiematerial befreien die Psychologen ihre Patienten von diesen Gefühlen, bis sie in bestimmten Situationen, in denen sie früher Angst empfanden, entspannt und ruhig bleiben. Das Fernsehen mit seiner ständig ablaufenden Brutalität funktioniert ziemlich ähnlich.[11]
Erma Bombeck faßt dies in der ihr eigenen Art und Weise zusammen. Sie schrieb einmal einen wütenden Brief an die Fernsehgesellschaften mit folgendem Wortlaut: »An einem einzigen Abend sah ich, wie zwölf Menschen erschossen, zwei gefoltert und einer in einen Swimmingpool geworfen wurden, zwei explodierende Autos, eine Vergewaltigung und einen Mann, der zwei Häuserblocks weit mit einem Messer im Bauch dahinkroch. Und wissen Sie was? Ich empfand weder Zorn noch Empörung noch Furcht noch Erregung noch Ekel. In Wirklichkeit fühlte ich gar nichts. Dadurch, daß sie mit einem Gewaltakt nach dem anderen zuschlagen, haben Sie mich um etwas gebracht, das ich schätzte – etwas, das mich Mitleid und Besorgnis empfinden ließ – die Fähigkeit des Fühlens.«[12] Daran wurde ich erinnert, als eine Mutter mir folgendes erzählte: »Es ist wirklich sonderbar, was passiert, wenn die Kinder und ich ein emotionsgeladenes Fernsehstück ansehen. Ich fange an zu heulen, so-

bald die Stimmung sentimental wird, und die Kinder drehen sich nach mir um und schauen mich an. ... Nach Tausenden von Stunden gefühlsbetonter Fernsehsendungen scheinen die Kinder immun gegen Gefühle geworden sein.«

Das Fernsehen bringt auch ein ganzes Spektrum von Themen und Vokabularien in unsere Heime, die in der Regel als für Kinder ungeeignet angesehen werden. »Das Fernsehen bewirkt, daß eine ganze Kultur ihre moralischen Vorstellungen ändert, denn die Sender bedürfen ständig neuer Informationen«, meint Professor Postman. »Auf der Suche nach neuen und sensationellen Strategien zur Fesselung des Publikums, muß das Fernsehen jedes in der Kultur bestehende Tabu aufbrechen – Homosexualität, Inzest, Promiskuität, Scheidung, Korruption, Ehebruch und schreckliche Szenen mit Gewalt und Sadismus. Dies führt dazu, daß diese Themen Jugendlichen ebenso vertraut sind wie Erwachsenen.«[13]

Der Fernseh-Boom hat auch unsere Sprache verändert. Wenn die Teller, T-Shirts u. a. der Kinder mit Fernsehfiguren geziert sind, scheint es logisch, daß sie auch deren Sprache nachahmen werden. Viele Kindergartenkinder schreien ihre Freunde wütend an: »Wenn du nicht aufhörst, laß ich mich von dir scheiden!« »Sie reden vom Bumsen, Schwulsein und Die-Welt-in-die-Luft-Sprengen, und all diese Themen sind mit TV-Jargon durchsetzt«, berichtet ein Lehrer aus Westchester, einem Vorort von New York City. »Die kleineren Kinder verstehen kaum, was sie da sagen, und die älteren Kinder, so scheint es mir, wissen schon viel zu früh die Bedeutung von Worten und Themen, deren Erklärung man besser auf einen späteren Zeitpunkt ihres Lebens aufschieben sollte. Mich persönlich stimmt dies ziemlich traurig.«

Extrem apathisches oder hyperaktives Verhalten

Eltern erleben am Wochenende häufig, wie schwierig es ist, Kinder vom Fernsehen weg zum Spielen nach draußen zu lokken. Eine Mutter ruft ihren kleinen Sohn mehrmals, aber vergeblich. Schließlich schreit sie frustriert: »Johnny, dreh endlich den Fernseher ab!« Johnny wendet langsam sein Sommersprossengesicht in ihre Richtung, versucht, seine glasigen Augen auf sie einzustellen, und antwortet: »Muß ich wirklich?« Es folgt eine zornige Unterredung, und Johnny wird von Minute zu Mi-

nute störrischer und unglücklicher. Es ist klar, daß bei diesem Spiel niemand gewinnen wird.
Ein Teil des Problems mag darin bestehen, daß Johnny aus einem sog. Alpha-Stadium herausgerissen wurde; seine Gehirnströme verlaufen in einem Muster, das tiefe Entspannung anzeigt. Laut einer Untersuchung, die der Soziologe Herbert E. Krugman für General Electric durchführte, gehen die Gehirnströme eines Fernsehzuschauers nach sehr kurzer Zeit (manchmal schon nach dreißig Sekunden) in ein Alpha-Muster über.[14] Das bedeutet, daß ein Kind, wenn es nach einer hohen Fernseh-Dosis vom Gerät weggerufen wird, aus einem Pseudo-Schlaf aufgeweckt wird, dessen Träume aus dem bestehen, was die Zeichentrickfilme anbieten – Lärm, häßliche und beängstigende Figuren, furchterregende Musik, Gewalt. Es sollte niemanden wundern, daß das Kind mißmutig und reizbar ist.
Das andere Extrem besteht darin, daß manche Kinder einfach überstimuliert sind, nachdem sie von all den Sinneseindrücken des Fernsehens bombardiert wurden. Dr. Werner I. Halpern von der Psychiatrischen Klinik in Rochester berichtet von einem plötzlichen Anstieg der Zahl der Zweijährigen, die wegen Verhaltensstörungen in die Klinik eingewiesen wurden.[15] Sie waren unruhig und überaktiv und legten auch andere Störungen an den Tag, wie sinnloses Brabbeln, das aus einem scheinbar zwanghaften Aneinanderreihen von Buchstaben und Zahlen bestand. Diesen Kindern fiel es leichter, sich auf Objekte einzustellen als auf Menschen. Eine endlose Reihe von Tests zeigte, daß die Kinder weder psychotisch noch autistisch noch schizophren waren. Dr. Halpern kam zu dem Schluß, daß das Fernsehen, insbesonders »Sesamstraße« die Ursache war, dem alle Kinder ausgesetzt gewesen waren. Als die Kinder das Fernsehen mieden, verschwanden ihre Symptome, und ihr Verhalten besserte sich rapide.
Daß Kinder zu hyperaktivem Verhalten neigen, liegt auch in der ganz einfachen Tatsache begründet, daß es für sie unnatürlich ist, stundenlang in sitzender Stellung zu verharren und auf einen Fernsehapparat zu starren. Kein Wunder also, daß Kinder wild, laut und ungebändig sind, wenn nach stundenlangem Fernsehen der Kasten ausgeschaltet wird. Ist es nicht einfach so, daß die Kleinen ihren aufgestauten Bewegungsdrang austoben?

Die Verwechslung der wirklichen Welt mit der Fernsehwelt

Bei einer Zusammenkunft des New Yorker Rates für Kinderfernsehen berichteten Lehrer, daß Kinder der ersten, zweiten und dritten Klasse viel von dem, was sie im Fernsehen »erleben«, für Realität und Wahrheit halten. Eine Lehrerin erzählte, wie beunruhigt ihre Klasse war, nachdem sie die Fernsehversion von »Der weiße Hai« gesehen hatte. Sie sagte: »Die Kinder waren überzeugt, daß der Hai echt war, daß die Situation echt war und daß der Mann von einem richtigen Hai verschluckt und getötet wurde. Ich gab ihnen Gelegenheit, mir über das Geschehene Geschichten zu erzählen und Bilder zu malen. Die Diskussionen dauerten den ganzen Tag über an, aber es gelang mir nicht, sie davon zu überzeugen, daß ›Der weiße Hai‹ nur ein Film war.«

Mein eigener Sohn sah sich im Fernsehen die Verfilmung von »Salem's Lot« an, ohne daß ich davon wußte. Danach weigerte er sich lange Zeit, ohne Licht in seinem Zimmer, im Gang und im Badezimmer ins Bett zu gehen. Sechs Monate verstrichen, und ich wartete immer noch darauf, daß diese Phase vorübergehen würde. Ganz beiläufig fragte ich eines Tages beide Jungen, ob sie vor irgend etwas Angst hätten. »Ja«, gab Luke offen zu, »ich habe Angst vor Barlow.« »Wer ist Barlow?« fragte ich. »Der Vampir in ›Salem's Lot‹«, erwiderte er. »Deshalb fürchte ich mich, nachts im Dunkeln zu schlafen.«

Kinder brauchen Eltern, die ihnen die Geheimnisse erklären, die der Fernsehkasten für sie enthält. Die Ängste der Kinder erwachen, wenn es Zeit ist, zu Bett zu gehen, und viele sind eine direkte Folge des Fernsehens. Ein Mädchen im Vorschulalter, das ich kennenlernte, hatte Angst vor dem Schlafengehen, weil sie dachte, die »grünen Augen« würden sie erwischen. Ihre Mutter tat alles, um sie zu beruhigen. Sie sah unter das Bett, in den Schrank und in die Schubladen und versicherte, daß sich nirgends grüne Augen befänden. Aber das Kind beharrte darauf. »Doch, Mami, die grünen Augen sind in der Kiste.« »In welcher Kiste?« fragte die Mutter. »In der Fernsehkiste!« antwortete ihre Tochter. Das Kind hatte eine Fernsehwerbung für einen Horrorfilm gesehen, in dem eine Hexe mit grünen Augen vorkam; es ist ganz natürlich, daß die Fünfjährige annahm, alle Kreaturen auf dem Bildschirm lebten in der Kiste.

Ein kleiner Junge sah sich eines Tages einen Kriegsfilm an, in

dem eine Verfolgungsjagd mit Flugzeugen aus dem Zweiten Weltkrieg vorkam. Plötzlich hörte seine Mutter einen lauten Krach. Sie rannte in das Zimmer und sah ihren Sohn neben dem kaputten Fernsehbildschirm stehen. Der Junge sah bestürzt zu ihr auf und erklärte, er habe nur sehen wollen, wohin das Flugzeug verschwunden sei.
Die Annahme ist also durchaus berechtigt, daß Kinder, die viel fernsehen, anfangen zu glauben, die Realität sei das, was sie im Fernsehen sehen.

Der Einfluß des Fernsehens auf die Wertvorstellungen

Jahrhundertelang wuchsen Kinder mit den Wertvorstellungen und in der Tradition ihrer Familien auf. Das Fernsehen hat dies weitgehend geändert, indem es seine eigenen Wertvorstellungen erschuf und diese dann ständig der Familie von heute aufdrängte. Die Serie »The Brady Bunch« zum Beispiel zeigt ständig glückliche Menschen, die keine Probleme haben, und das dürfte bei den meisten Familien ziemlich selten der Fall sein. In »Dallas« hingegen (einer Lieblingssendung amerikanischer Grundschulkinder) stehen Gier, Verbrecher mit weißer Weste und Sex im Vordergrund, was die Sendung äußerst attraktiv und unterhaltsam macht. Krimiserien verbreiten die Botschaft, daß es richtig ist, Probleme durch Zuschlagen oder Schießen zu lösen. In Fernsehserien sind alte Menschen und Minderheiten unterrepräsentiert, und Frauen sind stets schön.
Ein empfänglicher junger Zuschauer wird diese über das Fernsehen vermittelten Wertvorstellungen höchst wahrscheinlich als seine eigenen annehmen. Der NIMH-Bericht unterstreicht die Rolle des Fernsehens als eines starken und einflußreichen Erziehers, der zu einem der »wichtigsten Sozialisationsinstrumente für amerikanische Kinder« geworden ist.[16]
Was haben Kinder davon, daß sie ein Wochenende mit ihren Eltern verbringen? Die Erzieher eines Kindergartens in Englewood, New Jersey, berichten, daß die meisten Kinder auf die Frage, was sie an einem langen Wochenende getan haben, lediglich von den Sendungen erzählen, die sie im Fernsehen gesehen haben. Selbst bei erneutem Nachhaken fällt es den meisten Kindern schwer, sich an andere Aktivitäten zu erinnern. Vielleicht sind die Kinder zur Kirche gegangen, haben Verwandte

besucht oder sind einkaufen gegangen, aber all dies verblaßt gegenüber dem Fernsehen.
Rose Goldsen, die das Fernsehen schon häufig kritisiert hat, drückte ihre Besorgnis folgendermaßen aus:

»Das Fernsehen hat die Umwelt, die wir erschaffen und miteinander teilen, so vollständig durchtränkt, daß nahezu jedes Kind, das in diesem Land geboren wird, während der für seine Entwicklung prägendsten Jahre zwangsläufig von seinen Symbolen in Bann geschlagen wird. Was wird aus der Motorik und dem Körperrhythmus dieser Kinder, ihrer Mimik und ihrem Umgang mit der Sprache, ihren Träumen, Wünschen und Phantasien? Wird all dies einen standardisierten Massenmenschen hervorbringen? Welche Symbole werden dann ihre Treue, Hingabe und ehrfurchtsvolle Liebe hervorrufen?[17]

Beeinträchtigung des Lernens

Das Fernsehen wird oft als Lehrmittel betrachtet, und wenn es im Klassenzimmer benutzt wird, wo die Lehrperson die Kinder vor, während und nach einem Programm betreut, kann es von Nutzen sein. Aber vergessen Sie nicht, daß das Fernsehen hauptsächlich aus Bildern besteht. Ich habe kürzlich einen zwanzigminütigen Ausschnitt einer Sendung aufgezeichnet, um Informationen für einen Artikel, den ich schrieb, zu gewinnen. Als das Band transkribiert war, hatte ich nur eine halbe Seite maschinengeschriebenen Textes. Selbst Dokumentarfilme vermitteln mehr visuelle Eindrücke als handfeste Informationen.
Professor Postman erklärt das Lernen mittels Fernsehen auf folgende Weise: »Das Fernsehen kann niemals lehren, was ein Medium wie das Buch lehren kann, und trotzdem versuchen Lehrer immer so zu tun, als könnten sie das Fernsehen dazu benutzen, das kognitive Verhalten und die intellektuelle Disziplin zu fördern, so wie die Schrift dies tut. Das Fernsehen ist kein geeignetes Medium zur Vermittlung von Ideen, weil eine Idee im wesentlichen aus Sprache besteht – aus Worten und Sätzen.«[18]
Sheila Nielsen, Lehrerin in der Waldorfschule in Spring Valley, New York, weist auf ein weiteres Hindernis hin, das das Lernen

mittels Fernsehen in den USA beeinträchtigt. »Daß die meisten Sendungen nach sieben Minuten von Werbung unterbrochen werden, hat zur Folge, daß Fernsehkinder auf Konzentrationsspannen von sieben Minuten programmiert werden.« Diese Kinder lernen nicht, sich ganz und gar von einer Geschichte fesseln zu lassen. Sie lernen, daß sie so viele Möglichkeiten der schnellen, leichten Unterhaltung haben, wie es Kanäle im Fernsehen gibt. Obwohl viele Lehrer wissen, daß die Kinder theoretisch zu viel längeren Aufmerksamkeitsspannen fähig sind, müssen sie im heutigen Klassenzimmer die Aktivitäten zeitlich so einteilen, daß sich das Thema oder das Tempo alle sieben Minuten ändert. Andernfalls geht die Aufmerksamkeit der Kinder verloren.

Dr. Mary Alice White, Professorin für Psychologie und Erziehungswissenschaft am Teachers College der Columbia University, spricht dasselbe Problem an:

> *»Spätestens im Alter von drei oder vier Jahren haben Kinder gelernt, daß Musik und Klangeffekte und manchmal auch der Wechsel im Klang der Stimme Signale sind, die ihren Blick auf den Fernseher lenken. Sie kommen mit einer Reihe von Strategien in die Schule, die sie von dem elektronischen System gelernt haben und die nicht auf das Klassenzimmer übertragbar sind. Ich glaube, sie wissen nicht, wann sie zuhören müssen.«*[19]

Die *New York Times* berichtete am 30. März 1982 über Untersuchungen, die auf einen Zusammenhang zwischen intensivem Fernsehkonsum und schwachen Schulleistungen hinweisen. Obwohl einige Forscher behaupten, das Fernsehen verursache keine Leistungsminderung, fand man in einem Projekt des Erziehungsministeriums von Kalifornien heraus, daß Schüler der sechsten Klasse, die »B. J. and the Bear«, »The Incredible Hulk« und »Dance Fever« gesehen hatten, in standardisierten Leistungstests schlechter abschnitten als Schüler, die diese Sendungen nicht sahen. Viele der schlecht benoteten Schüler saßen jeden Abend sechs Stunden vor dem Fernseher, während viele der Schüler, die weniger lange und qualitativ bessere Sendungen sahen, höhere Leistungen erzielten.

Eine Untersuchung der Toronto University deutet darauf hin, daß das Fernsehen die Lernfähigkeiten eines Kindes beeinträchtigt. Die Wissenschaftler wiesen nach, daß der Wortschatz im Fernsehen geringer ist als der in Kinderbüchern und daß die

dominierende Kommunikationsform im Fernsehen der unvollständige Satz ist.
Aber was ist mit den für Kinder entwickelten Fernsehserien? Viele Eltern glauben, daß sich ihre Kinder – wenn überhaupt – die »Sesamstraße« ansehen sollten. Sicher kann es nicht falsch sein, die »Sesamstraße« zu sehen, oder doch?
Um diese Frage zu beantworten, muß man die Geschichte der »Sesamstraße« kennen. Diese Serie entstand als lobenswerter Versuch, kulturell benachteiligten und unterprivilegierten Kindern grundlegende Lernfähigkeiten beizubringen. Der Workshop für Kinderfernsehen fing damit an, diesen Kleinen Buchstaben und Zahlen beizubringen, um sie auf die Aufgaben vorzubereiten, die sie im Kindergarten erwarteten. Um dieses Publikum zu erreichen, ging man nach Methoden vor, wie sie u. a. von der Fernsehwerbung benutzt werden, denn man nahm an, daß diese Kinder viel fernsehen. Indem sie Buchstaben und Zahlen genau so verpackten, wie das bei der Werbung für Zahnpasta und Spielzeug geschieht, hofften die Macher der »Sesamstraße«, ihr Publikum zu erreichen. Niemand konnte voraussehen, daß »Sesamstraße« ein so phänomenaler Erfolg beschieden sein würde. Es war gar nicht beabsichtigt gewesen, die Sendung so häufig auszustrahlen, wie dies gegenwärtig der Fall ist, noch war sie auf Kinder unter drei Jahren zugeschnitten.
Die ständige Konfrontation mit den Werbespot-Techniken der schnell wechselnden Bilder und Zeichen, der rasant ablaufenden Handlung, des zügigen Verkaufs, der wechselnden Farben, der dröhnenden Lautstärke und der vielen Trickfiguren, die das Fernsehen generell kennzeichnen, hatte auf viele kleine Kinder eine ebenso erschreckende Wirkung wie auf die Kultur der Kindheit insgesamt. Die Folgen vervielfachten sich nicht zuletzt wegen der häufigen Präsenz der Serie. In den meisten Städten der USA kann man »Sesamstraße« am Samstag dreimal, am Sonntag sechsmal und während der Woche täglich viermal sehen. Die meisten Kinder verfolgen alle Sendefolgen aufmerksam, aber viele haben die Familie aus der »Sesamstraße« als ihre eigene adoptiert und scheinen deshalb ein gewisses Behagen zu empfinden, wenn die Sendung läuft, und sei es auch nur in Form der Hintergrundgeräusche und aus Gründen der Geselligkeit.
Da sie ständig und gnadenlos mit solchen TV-Techniken bom-

bardiert werden, weisen Vorschulkinder inzwischen Anzeichen von Störungen auf, die durch dieses Übermaß an wechselnden Sinneseindrücken verursacht werden. Wie bereits erwähnt, glaubt Dr. Halpern, daß die »Sesamstraße« bei manchen sehr kleinen Kindern eine Reizüberflutung bewirkt. Er glaubt auch, daß die raschen Schritte und die abgehackten Bewegungen jede Reflexion seitens des Kindes verhindern. Dies ist schädlich, weil es die Aufnahmefähigkeit des Kindes überfordert und sein inneres Gleichgewicht stört. Eine Überreizung der Sinnesorgane aber erzeugt ein Gefühl der Machtlosigkeit. Es gibt Kinder, die mit einer Vielzahl neuer Sinneseindrücke nicht fertig werden, und »Sesamstraße« bietet weder die Zeit noch die Wiederholungen an, die diese Kinder brauchen, um über diese Eindrücke nachzudenken und dadurch das Material zu verdauen und wirklich etwas zu lernen. Es ist wichtig anzumerken, daß die Produzenten der »Sesamstraße« seit Dr. Halperns Studie versuchten, der Reizüberflutung vorzubauen, indem sie das Tempo in bestimmten Abschnitten der Sendung verlangsamen. Der ursprüngliche schnelle Wechsel der Buchstaben und Zahlen wurde jedoch beibehalten.

Jerome L. Singer und Dorothy G. Singer, die ein Fernsehforschungszentrum an der Yale University leiten, weisen auf die Tatsache hin, daß – selbst wenn Kinder die »Sesamstraße« mit großer Aufmerksamkeit verfolgen – das hohe Tempo und das ständige Eindringen von neuem Material ein wirksames Lernen zu behindern scheint. »In einigen unserer Untersuchungen fanden wir heraus«, berichten die Singers, »daß Kinder von gemächlicheren Sendungen wie ›Mr. Rogers' Neighborhood‹ mehr profitieren, da sie dem Kind – so wie ein gutes Kinderbuch – genügend Zeit gewähren, das Material vollständig auszukosten. Wir haben festgestellt, daß Kinder, die ein paar Wochen lang ›Mr. Rogers‹ angesehen haben, phantasievoller und kooperativer werden, lächeln und sich besser konzentrieren als Kinder, die während des gleichen Zeitraums ›Sesamstraße‹ sahen.«[20]

Und dennoch lehrt »Sesamstraße« die Kinder etwas. Dr. Dorothy Cohen stellte fest, daß Kinder, die die Sendung sahen, Zahlen und Buchstaben erkennen lernten. Sie bezweifelte aber, ob sie wirklich aufnahmen, was sie sahen. Rose Goldsen behauptet, daß »Sesamstraße« Kindern beibringt, Fernsehen statt

Bücher zu »lesen«. Außerdem wurde die Sendedauer von vierundfünfzig Minuten zum neuen Zeitmaßstab für das Kind. Des weiteren weist Rose Goldsen darauf hin, daß der Lehrplan der »Sesamstraße« nichts mit Büchern oder Bücherkultur zu tun hat. »In keiner einzigen Episode kommt ein Buch vor«, stellt sie fest. »In der ›Sesamstraße‹ wird niemand gezeigt, der in ein Buch vertieft ist, über ein Buch lacht oder weint oder von einem Buch so gefesselt ist, daß er es nicht weglegen kann. Angesichts der erklärten Absicht der ›Sesamstraße‹, nämlich ein Interesse an Literatur zu wecken, erscheint das Versäumnis, das Lesen zu fördern, als Widerspruch.«[21]

Selbst die besten Fernsehsendungen unterscheiden sich wesentlich von einem Buch oder einem Magazin. Es ist unmöglich, in einer Fernsehsendung die Handlung anzuhalten und um die Erhellung eines unklaren Punktes zu bitten. Es ist unmöglich, eine zweifelhafte Annahme in Frage zu stellen, und unmöglich, einen schwierigen Abschnitt noch einmal zu sehen. In einem Buch kann das Kind jederzeit zu einer Lieblingsseite zurückblättern und sie noch einmal ansehen. Ein Kind kann eine Geschichte in dem ihm eigenen Tempo genießen. Wenn ein Kind fernsieht, muß es mit der Geschwindigkeit des Fernsehers mithalten, ob ihm diese nun angemessen ist oder nicht. Wie kann da Lernen auf andere als oberflächliche Weise stattfinden?

Der Psychologe Urie Bronfenbrenner stellt schließlich folgende Frage: Was wird außer dem Erlernen von Sprache, Zahlen und Urteilsvermögen der Psyche des Kindes noch eingeprägt, wenn es sich »Sesamstraße« ansieht?

- Kinder imitieren gewisse körperliche Verhaltensweisen, wie etwa jene, die in Slapstick-Episoden gezeigt werden.
- Das Cookie-Monster verherrlicht süße und ungesunde Speisen, und seine üblen Tischmanieren werden nachgeahmt.
- »Sesamstraße« hält Kinder davon ab, »in den Hinterhof hinauszugehen und Gottes frische Luft zu atmen, so daß ihr Körper gesund und stark werden kann«, um es mit Francis Kellys Worten zu sagen.
- Die Serie lehrt mangelhafte Grammatik und primitives Vokabular.
- Die Kinder gelangen zu der irrtümlichen Ansicht, daß Ler-

nen immer nur lustig ist und nicht die ernste und mühsame Arbeit, die es in Wirklichkeit ist.[22]

Ein berühmter Theologe sagte einst, »Gebt mir ein Kind, bis es sieben Jahre alt ist, und es wird ein Leben lang mein sein.« Ist das Fernsehen der Lehrer, von dem wir das Leben unserer Kinder formen lassen wollen?

4. Was ist ein Fernsehkind?

Es ist interessant, Menschen zu fragen, wie viele Stunden sie täglich fernsehen. Fernsehen ist wie das Knabbern von Erdnüssen, Salzstangen oder Schokoladekeksen. Man verliert schnell den Überblick über die Mengen, die man konsumiert hat. Fernsehen gibt es in jedem Haushalt. Manchmal steht in jedem Raum ein Apparat; manchmal wird ein Gerät nur des Hintergrundgeräusches oder der Geselligkeit wegen eingeschaltet. Es ist den meisten von uns unmöglich, auch nur grob zu schätzen, wie viele Stunden wir fernsehen, weil das Fernsehen zu einem festen Bestandteil unseres Lebens geworden ist.

Beinahe jedes Kind, das heutzutage in den Vereinigten Staaten aufwächst, weist Symptome von Fernsehsucht auf. Es liegt auf der Hand, daß ein Dauerkonsument (fünfzig Stunden pro Woche oder mehr) offenkundigere Anzeichen aufweist als ein Kind, das nur fünfzehn Stunden pro Woche fernsieht. Aber eines ist gewiß: Das Fernsehkind gibt es überall.

Laut einer Untersuchung, die 1959 in Boston durchgeführt wurde, waren es damals Arbeiterfamilien, die am abhängigsten vom Fernsehen waren.[1] In der Mittelschicht schien übermäßiges Fernsehen tabu zu sein. Heute ist dies keineswegs mehr so. Jeder Haushalt, egal zu welcher Schicht er gehört, hängt fest am Kabel. Integrierte Videoanlagen, inklusive drei Meter großen Bildschirmen, Playback-Systemen und Bildplatten schmücken die meisten Wohnzimmer. Im Sommer brechen Familien der Ober- und Mittelschicht mit allem Lebensnotwendigen zum Strand auf, einschließlich tragbares Fernsehgerät. Familien begeben sich in abgelegene Bergeinsamkeiten, angeblich, um endlich einmal Ruhe zu haben, aber mit ziemlicher Sicherheit verbirgt sich ein kleiner Fernseher in ihrem Gepäck. Kürzlich verbrachte ein uns bekannter Jugendlicher mit einer gebildeten New Yorker Familie einen zehntägigen Skiurlaub. Wenn sie nicht auf der Piste war, verbrachte die Familie jede freie Minute, einschließlich der Mahlzeiten, vor dem Fernseher bzw. stritt sich darum, was gesehen werden sollte.

Was ist ein Fernsehkind? Wie kann man die Symptome erkennen? Unten finden Sie eine Liste mit Fragen bezüglich der täglichen Gewohnheiten ihrer Kinder, die Ihnen schnell Aufschluß darüber gibt, ob sie vom Fernsehen abhängig sind. Im Anschluß daran werden die Warnsignale ausführlich behandelt, die andeuten könnten, daß Ihrem Kind möglicherweise schwerwiegende Probleme bevorstehen, von denen viele mit dem Fernsehen zu tun haben.

Fragebogen: Sehen Ihre Kinder zu viel fern?

1. Eilen Ihre Kinder geradewegs zum Fernseher, wenn das Nachmittagsprogramm beginnt?
2. Verbringen sie den Sonntagmorgen vor dem Fernseher?
3. Verbringen sie in ihrer Freizeit mehr Zeit vor dem Fernseher als mit anderen Aktivitäten?
4. Spielen sie mit Spielzeug, während der Fernseher läuft?
5. Spielen sie mit Freunden vor dem Fernseher?
6. Sagen Ihre Kinder häufig, sie langweilen sich?
7. Betteln Ihre Kinder um Spielzeug oder Süßigkeiten, für die im Fernsehen geworben wird?
8. Haben die meisten Spielsachen, mit denen Ihre Kinder spielen, mit Elektronik zu tun?
9. Sind Ihre Kinder unter zwölf Jahren um zehn Uhr abends noch wach?
10. Läuft der Fernseher während der Mahlzeiten?
11. Bezieht sich die Unterhaltung während der Mahlzeiten größtenteils auf das Fernsehen?
12. Bitten Ihre Kinder Sie darum, die Mahlzeiten und überhaupt den ganzen Tagesablauf auf das Fernsehprogramm abzustimmen?

Bei Kindern im Vorschulalter werden die meisten Eltern schnell einige der Fernsehkindsymptome wiedererkennen. Bei älteren Kindern müssen sich die Eltern die Abhängigkeit vielleicht von den Lehrern bestätigen lassen, denn die Suchtsymptome treten hier am stärksten in der Schule auf.

Braucht Ihr Kind sofortige Befriedigung? Fehlt es ihm an Toleranz?

Wir alle hoffen, daß unsere Kinder zu geduldigen, besonnenen und freundlichen Menschen heranwachsen; kurzum, wir wollen, daß unsere Kinder gut erzogen sind und auf andere Rücksicht nehmen. Das Fernsehen wirkt diesen Bemühungen jedoch oft entgegen.

Nehmen wir Jeremy als Beispiel – ein kluger Zweitkläßler aus Teaneck, New Jersey. Seiner Lehrerin zufolge ist Jeremy äußerst ungeduldig, wenn sie nicht schnell genug auf Fragen antwortet. »Er kann nie geduldig warten, während ich anderen Kindern helfe.« Wenn wir uns mit Jeremys Gewohnheiten näher befassen, stellen wir fest, daß er eifrig fernsieht. Und dabei finden seine Eltern es drollig, wie er auf den Fernsehapparat einredet und den Schluß einer Sendung voraussagt, bevor sie zu Ende ist. Jeremy ist offensichtlich darauf programmiert, daß sich Probleme in weniger als dreißig Minuten lösen lassen, und zeigt wenig Geduld, wenn die Bewältigung von Problemen in der realen Welt länger dauert.

Die Ungeduld wird zu einem echten Problem, sobald die Kleinen in den Kindergarten kommen. Viele Vorschullehrer klagen, Fünfjährige erwarteten, daß sie alles machen. Längst vorbei sind die Zeiten, als sich die Kinder beim freien Spielen mit ihren Lieblingsphantasien beschäftigten und wirklich aufeinander einzugehen wußten. Heute ist die Einstellung der Kleinen: »Mach es für mich!« Nach Auskunft der Erzieher wollen die Kinder ihre Spielprogramme Schritt für Schritt vorgelegt bekommen.

»Meine Klasse ist voll von Jeremys«, pflichtet die Lehrerin einer zweiten Klasse von Montclair, New Jersey, zustimmend bei. »Sie strecken ihre Hände in die Höhe und schreien, ›Ich, ich, ich! Nehmen Sie mich dran!‹ Wenn ich ein Kind aufrufe, gibt es mir eine Antwort und ist mit dem Lernen für diesen Tag dann fertig. Es interessiert sich überhaupt nicht dafür, was irgendein Mitschüler zu sagen hat. Die meisten Schüler in meiner Klasse sind sehr auf sich bezogen.«

Andere mutmaßen, daß Fernsehkinder deswegen wenig Toleranz besitzen, weil es in ihrem Leben nur wenig Konflikte und Schwierigkeiten gibt. Jeder Tag ist vorprogrammiert. Babys wie auch Schulkinder scheinen ein Leben zu führen, das randvoll mit Aktivitäten, Spielgruppen, Sport und so weiter angefüllt ist. Wenn zeitliche Lücken entstehen, wenn es plötzlich nichts zu tun gibt, zählen die meisten Kinder und ihre Eltern auf das Fernsehen, das diese Leere füllen soll. Ein Problem entsteht dann, wenn der Tagesablauf durcheinanderkommt und das Fernsehkind keinen Zugang zum Fernsehen hat. Das Kind ist zu wenig flexibel, seine Geduld wird auf die Probe gestellt und es verliert häufig seine Beherrschung. Sobald es vom kreativen Spiel so weit entfernt ist und die Fähigkeit, sich allein zu unterhalten, eingebüßt hat, wird das Kind unsicher und fühlt sich allein gelassen.

In einem Bericht über das Fernsehen schrieb *Newsweek* 1977, Grundschullehrer beklagten sich darüber, daß Kinder heutzutage darauf konditioniert seien, Probleme schnell gelöst zu sehen, und daß sie frustriert seien, wenn man sie mit den größeren, komplizierteren Problemen konfrontiert, die ein integraler Bestandteil wirklichen Lernens sind. Diese Kinder, so heißt es weiter, wenden sich schnell von einer Tätigkeit ab, die nicht sofortige Befriedigung verspricht.

»In der zweiten Klasse nehmen wir jeden Tag Lesen, Rechnen, Aussprache- und Schreibübungen durch«, sagt die Lehrerin Mary Signer. »Viele Kinder schaffen vielleicht nur zwei der Aufgaben und selbst diese noch nicht einmal zufriedenstellend. Sie haben einfach nicht den Willen, an Aufgaben zu arbeiten. Ich tue mein Bestes und versuche ständig, ihre Aufmerksamkeit zu gewinnen. Vielleicht würden sie reagieren, wenn ich mich wie eine Fernsehfigur aufführen würde. Aber das kommt nicht in Frage. Sie müssen lernen, mit Menschen umzugehen.«

Andere Lehrer haben sich darauf eingestellt. »Es ist wirklich wichtig, eine Schauspielerin zu sein«, sagt Jamie Figenbaum, Lehrerin einer sechsten Klasse. »Ich plane täglich meine Show. Es ist genau so, als wäre ich auf der Bühne.«

Fernsehkinder scheinen schnelle Lösungen zu verlangen, Probleme nur auf altbekannte Weise anzupacken und sofort zur nächsten Sache überzugehen. Wenn etwas nicht sofort funktioniert oder nicht gleich Resultate zeigt, schalten sie einfach den nächsten »Kanal« ein.

Hat Ihr Kind Verhaltensstörungen, verhält es sich beim Spielen aggressiv, leidet es unter mangelnder Selbstkontrolle oder Überaktivität?

Erfahrene Lehrer behaupten, daß Kinder heutzutage Schwierigkeiten haben, weil sie bis zu dem Zeitpunkt, an dem sie in den Kindergarten kommen, zwar alle möglichen Laute, Worte und Buchstaben gelernt, dabei jedoch wichtige Phasen des Wachstumsprozesses übersprungen haben. Diese »neuen Kinder« sind im Gegensatz zu den »alten« von vor fünfzehn oder zwanzig Jahren stark vom Fernsehen beeinflußt, und dies zeigt sich in ihrem Verhalten. Lehrer sagen, daß ihre Arbeit mit Fernsehkindern hauptsächlich darin besteht, den Lehrplan ständig so zu ändern, daß er ihren überreizten Sinnen gerecht wird.

»Viele Kinder sind, wenn sie in die Schule kommen, völlig überdreht«, berichtet die Kindergärtnerin Cathy Marino. »Sie sausen im Raum umher und rennen alles um, was ihnen vor die Füße kommt, weil sie von ihrer morgendlichen Dosis Fernsehen völlig überreizt sind. Diesen Kindern fällt es schrecklich schwer, auf den Boden der Tatsachen zurückzukommen. Sie können nicht stillsitzen; sie können sich nicht konzentrieren oder Anweisungen befolgen. Ihre Hyperaktivität wird begleitet von der Unfähigkeit, sich auf irgend etwas für längere Zeit zu konzentrieren. Und wenn man sie nicht dazu bringen kann, sich zu konzentrieren, kann man sie auch nicht zum Denken und Lernen bringen.«

Sheila Jones, Lehrerin einer ersten Klasse, kennt viele Fälle von hyperaktiven Kindern. »Ein kleiner Junge aus meiner Klasse kann einfach nicht sitzen bleiben«, sagt sie. »Er geht zum Wasserhahn, dann zum Bleistiftspitzer, und wenn es schließlich nichts mehr gibt, wo er noch hingehen könnte, fällt er rücklings von seinem Stuhl. Das kann bis zu dreimal am Tag passieren. Er macht es nicht zum Spaß. Er kann wirklich nicht in einer sitzenden Stellung verharren.«

Dieses unruhige, unkonzentrierte Verhalten stellt eine drastische Veränderung gegenüber früheren Zeiten dar. Ältere Erzieher erinnern sich daran, daß vor zwanzig Jahren das Spiel mit Bauklötzen bei kleinen Jungen sehr beliebt war. Sie verbrachten Stunden damit, Gebäude, Straßen und Schilder zu errichten. Heutzutage besteht das Spiel mit Klötzen aus Explosionen

und anderen Akten der Zerstörung. Vor zwanzig Jahren war das Spiel mit Puppenhäusern in der Schule beliebt. Heute wird das Puppenhaus kaum benützt, aber wenn, dann tun die Kinder oft so, als wehre die Familie einen Einbrecher ab. Sirenen und die herbeieilende Polizei vervollständigen die Szene. Vor zwanzig Jahren hatten viele Kinder einen Lieblingsplatz oder ein besonderes Spielzeug in der Schule. Heute laufen Kinder blindlings von einer Attraktion zur anderen und geben sich selten mehr als ein paar Minuten mit einer Sache ab.
Aus all diesen Gründen haben viele Schulen damit begonnen, den Eltern Empfehlungen zum Fernsehverhalten ihrer Kinder zu geben. Die einen raten, Kinder in der ersten Klasse überhaupt nicht und ältere Schüler nur am Wochenende fernsehen zu lassen. Eine andere Schule verteilte einen Fernseh-Ratgeber, der Eltern helfen soll, Sendungen auszuwählen und die Fernsehzeiten einzugrenzen.

Ist Ihr Kind schläfrig, schlapp oder geistesabwesend?

Es ist schon öfter davon die Rede gewesen, daß viele Kinder nach dem Fernsehen einen stumpfen Blick haben, als seien sie hypnotisiert. Eine simple Erklärung dafür ist, daß Fernsehkinder in der Regel viel zu wenig schlafen.
Der fünfjährige Scotty hat ältere Geschwister, die abends regelmäßig fernsehen; manchmal sogar bis ein Uhr morgens. Auch Scotty ist manchmal dabei, weil seine Familie gewöhnlich vergißt, daß er noch auf ist. Es gibt jedoch eine Person, der dies auffällt, nämlich der Lehrerin. »Scotty kommt in die Schule mit Ringen unter den Augen. Er tapst herein wie ein Zombie und ist den größten Teil des Morgens nicht ansprechbar.«
Wenn Kinder müde sind, können sie sich nicht auf das konzentrieren, was ihnen beigebracht wird. »Susan lebt in einer Traumwelt«, berichtet ihre Lehrerin. »Ich vermute, sie hockt jeden Abend mindestens sechs Stunden vor dem Fernseher – Sie wissen schon, all diese romantischen Eskapismus-Sendungen wie ›Loveboat‹ u. a. Sie kommt zur Schule und träumt buchstäblich davon, woanders zu sein. Wenn ich eine Frage an sie richte, fällt ihr selten etwas ein. Gewöhnlich stottert sie einige ›Hmms‹ und ›Ähs‹ und gibt nach weiterem Bohren

schließlich etwas von sich, was mit dem jeweiligen Thema fast gar nichts zu tun hat.«

Solche Sachen berichten viele Lehrer. »Elizabeth gähnt ständig, vom Morgengruß bis zum Glockenschlag um drei Uhr nachmittags. Fast während des ganzen Tages ruht ihr Kopf auf der Tischplatte, und sie schreibt in einer vornübergeneigten Haltung. Viele Sendungen, von denen sie spricht, werden um zehn Uhr abends ausgestrahlt. Andere Kinder in Elizabeths Klasse sehen aus, als hätten sie Drogen genommen«, berichtet ihre aufgebrachte Lehrerin.

Eine Lehrerin erzählte mir, daß sie im vergangenen Jahr drei Mütter darum gebeten hatte, mit ihren Kindern zum Arzt zu gehen, weil sie glaubte, die Kinder seien krank. »Ich halte es für unnormal, wenn Kinder kreidebleich aussehen und passiv sind und nicht einmal ein Minimum an Energie aufbringen.«

Daß Fernsehkinder so träge erscheinen, könnte in der Tatsache begründet sein, daß übermäßiges Fernsehen den Zuschauer in einen passiven Zustand versetzt. Jeder ehrliche Zuschauer wird zugeben, daß er nicht hellwach fernsieht, sondern wie in Trance hinstarrt. Der Psychologe Peter Crown zieht folgenden Vergleich: »Das Starren auf das Fernsehbild kann genau so absorbierend und hypnotisch sein wie das Starren in ein Lagerfeuer. Es ist ganz egal, was gerade läuft; es kommt nur darauf an, daß wechselnde Lichtmuster ausgestrahlt werden, die die Aufmerksamkeit erregen.«[2]

Marie Winn stellt die Frage, ob exzessives Fernsehen dazu führen könne, daß sich die nonverbalen, visuellen Fähigkeiten des Kindes auf Kosten seiner verbalen und logischen Fähigkeiten übermäßig entwickeln können. Sie weist darauf hin, daß beim Erwachsenen die Großhirnrinde, die für das Denken verantwortlich ist, in zwei Hemisphären geteilt ist. Die linke Hälfte kontrolliert die meisten aktiven verbalen und logischen Prozesse, während die rechte, von der man noch wenig weiß, mit visuellen und räumlichen Beziehungen zu tun hat. Bei kleinen Kindern haben sich die Gehirnhälften noch nicht spezialisiert, aber wenn Kinder sprechen und denken lernen, so vermutet Marie Winn, spielen verbale Prozesse bei ihrer Entwicklung eine immer wichtigere Rolle.

Was geschieht, wenn Kinder ihre entscheidenden Entwicklungsjahre vor dem Fernseher verbringen? »Wenn das Kind die Worte und Bilder des Fernsehens Stunde um Stunde und Tag

für Tag in sich aufnimmt, wobei kaum etwas von der geistigen Anstrengung gefordert wird, die notwendig ist, um eigene Gedanken und Gefühle zu entwickeln und diese in Worte zu fassen, wenn es sich Jahr für Jahr *entspannt*, entwickelt sich ein Muster, das die nonverbale Kognition bevorzugt. ... [Es wird] wieder zum passiven Gefangenen seiner eigenen Sinneswahrnehmungen wie zu der Zeit, als nichtverbales Denken noch seine einzige Möglichkeit der Lernens war.«[3]
Angesichts dieser Beobachtungen kann man sich kaum des Gefühls erwehren, daß übermäßiges Fernsehen wahrscheinlich ein Hauptgrund dafür ist, daß es Lehrer mit trägen, passiven Kindern in der Schule zu tun haben. Und was noch trauriger ist, diese Kinder werden dazu verführt, in der Passivität zu verharren, denn die Stimme des Fernsehens suggeriert ständig: »Wir sind gleich wieder da«, »Bleib, wo du bist«, und »Versäume nicht den nächsten besonderen Film am Freitagabend«. Also sitzen die Kinder still, genau so, wie es ihnen gesagt wird, und versinken in eine immer tiefer werdende Fernsehtrance.

Geht Ihr Kind Aufgaben aus dem Weg und lehnt es Verantwortung ab? Hat es Schwierigkeiten im Umgang mit Menschen?

Die Fernsehkinder von heute hören viel weniger aufmerksam zu als früher, berichten Lehrer. »Drew haßt Rechnen«, vertraut mir seine Lehrerin an. »Sobald ich sage, ›Nehmt Eure Rechenbücher heraus‹, dreht er den Kanal ab, in diesem Falle mich, und zieht sich in seine Gedankenwelt zurück. Er ist nicht der einzige. Viele Kinder sind sehr geschickt darin, all das abzuschalten, womit sie nichts zu tun haben wollen.«
Margaret Giro, Lehrerin einer dritten Klasse in New Jersey, vertritt folgende Theorie: »Das heutige Kind ist vom Säuglingsalter an von Lärm aus dem Fernsehen, der Stereoanlage und dem Radio umgeben. Um eine solche Reizüberflutung überhaupt auszuhalten, lernen viele kleine Kinder instinktiv, das Hintergrundgeräusch auszublenden. Wenn sie dann in die Schule kommen, besitzen sie die hochentwickelte Fähigkeit, die Hintergrundgeräusche in der Schule auszuschalten. Ich glaube, daß die Stimme des Lehrers nach einer Weile ebenfalls

zum Hintergrundgeräusch wird. Sie blenden mich einfach aus, wenn sie das Zuhören nicht mehr ertragen.«

Der Autor und Kritiker Clifton Fadiman spricht von der Fernsehwelt als einer anderen Welt. Er erklärt die Widerstände, gegen die Lehrer wie Frau Giro ankämpfen.

»Gute Lehrer geben fast immer zu, daß ihre Schwierigkeiten aus der Konkurrenz mit der ›Fernsehwelt‹ stammen. Und für diesen Wettkampf sind sie nicht ausgebildet. Die ›Fernsehwelt‹ hat eine besondere psychologische Wirkung, die den Lehrer benachteiligt. Die Wirkung besteht in der Verringerung der Fähigkeit, aufmerksam zu sein, also in einer Abnahme der Fähigkeit zu lernen – keine angeborene Eigenschaft, sondern eine Eigenschaft, die durch die Medien antrainiert wird.

Die Medien sind deshalb so attraktiv, weil sie einem die geistige Arbeit abnehmen, und wenn sie einmal Aufmerksamkeit erfordern, dann nur für kurze Zeit.«[4]

Die mangelnde Konzentrationsfähigkeit kann katastrophale Folgen für das Lernen haben. Kinder, die abschalten, verweigern schlicht und einfach die Interaktion, und ohne Interaktion gibt es kein Lernen. Indem sie tagaus, tagein fernsehen, werden Kinder schließlich zu Zuschauern statt Teilnehmern am Leben.

Die Fähigkeit, mit Menschen in Beziehung zu treten, geht bei fernsehenden Kindern als nächstes verloren. Früher war der Abend die Zeit, in der sich die Familie für Gespräche oder andere Unternehmungen zusammenfand. Dr. David Pearl vom National Institute of Mental Health vermutet, daß »das Fernsehen die normalen familiären Beziehungen zwischen Eltern und Kindern weitgehend verdrängt hat, und zwar jene, die für die bestmögliche Entwicklung der Kinder unabdingbar sind.«[5]

Höchst beunruhigend ist eine Mitteilung der Amerikanischen Akademie für Kinderheilkunde, in der behauptet wird, es gebe eine bemerkenswerte Ähnlichkeit zwischen der klassischen Haltung eines Drogenabhängigen und der eines jungen Fernsehzuschauers. »Beide Handlungen dienen dazu, das Kind von seiner Umgebung zu entfernen, die reale Welt auszulöschen«, sagt Edward Kittrell, Mitglied der Akademie.[6] In einer Artikelserie des *War on Drug Magazine* wurde ebenfalls auf die Verbindung von Fernsehen mit der Drogenkultur hin-

gewiesen. Marie Winn und andere Experten haben Zusammenhänge zwischen Fernsehsucht und dem steigenden Konsum richtiger Drogen festgestellt.
Der tägliche Kontakt mit Menschen ist für die gesunde Entwicklung des Kindes entscheidend. Der Psychologe Bruno Bettelheim, der zutiefst besorgt ist über die Auswirkungen des Fernsehens auf soziale Beziehungen, sagt: »Kinder, die man gelehrt oder dazu konditioniert hat, sich fast den ganzen Tag lang passiv der warmen verbalen Kommunikation zu überlassen, die aus dem Fernseher kommt, oder der höchst emotionalen Ausstrahlung sogenannter Fernsehpersönlichkeiten, sind häufig unfähig, auf wirkliche Menschen zu reagieren, weil jene so viel weniger Gefühle erzeugen als versierte Schauspieler. Und schlimmer noch, sie verlieren die Fähigkeit, von der Realität zu lernen, denn die Erfahrungen der wirklichen Lebenswelt sind viel komplizierter als das, was sie im Fernsehen sehen.«[7]

Ist Ihr Kind sehr ängstlich? Hat es Alpträume?

»Letzte Woche klammerte ich mich nicht so stark an meinem Teddybär«, erinnerte sich Johnny Donovan, nachdem er an einer »fernsehfreien Woche« in seiner Schule teilgenommen hatte. »Als ich aufhörte, fernzusehen, hatte ich auch nachts keine Angst mehr.« Nur eine Woche davor hatten viele von Johnnys Klassenkameraden einen Fernsehfilm über einen kleinen Alligator gesehen, der im Kanalisationssystem einer Stadt zu monströsen Proportionen heranwuchs. Am Tag danach waren Johnny und seine Freunde völlig verängstigt. »Ich fürchtete mich, mitten in der Nacht ins Bad zu gehen, weil der Alligator ja in meiner Toilette sein könnte«, flüsterte ein kleines Mädchen. Andere wollten so lange nicht baden, bis sie ganz sicher waren, daß der Alligator in eine andere Stadt weitergezogen war.
»Eltern scheint einfach nicht einzuleuchten, daß das letzte, was Kinder vor dem Schlafengehen sehen oder hören, in ihrem Unterbewußtsein gegenwärtig bleibt und Teil ihres Schlaferlebnisses wird«, sagt die Kindergärtnerin Cathy Morino. »Die Kinder halten das für real, was sie sehen, besonders wenn sie allein in einem verdunkelten Raum fernsehen und

niemanden haben, mit dem sie über das sprechen können, was auf dem Bildschirm geschieht.«
Für Generationen von Kindern bestand das Ritual des Schlafengehens aus einer Geschichte, sie sie an die Eltern angeschmiegt hörten, aus Gebeten, einer Umarmung und einem Kuß. Heutzutage ist es der Fernseher, den Kinder als letztes vor dem Schlafengehen sehen. Meinen Umfragen unter Eltern und Schulkindern zufolge haben viele Kinder Fernsehgeräte in ihrem Zimmer, und der Apparat ersetzt ihnen menschliche Gesellschaft, und zwar am Morgen, am Mittag und bei Nacht.
Ellen Goodman, Schülerin einer dritten Klasse, gibt zu, daß sie häufig unter Alpträumen leidet, weil sie einen Fernseher in ihrem Zimmer hat und dieser sie in den Schlaf lullt. »Es gibt immer irgendeine Sendung, die mir Angst macht«, sagt sie. Auf die Frage, warum sie den Fernseher zur Schlafenszeit nicht einfach ausschaltet, antwortet sie entschieden: »Ach, das wäre ja noch viel schlimmer. Ich würde mich so allein fühlen!«
Vor dreißig Jahren ergab eine Untersuchung, in der Lehrer 2000 Sechsjährige an privaten und kirchlichen Schulen befragten, daß mehr als die Hälfte der Kinder von den Fernsehsendungen träumten, die sie gesehen hatten, und fast alle Befragten äußerten, daß diese Träume schlimm seien.[8] Wenn dies schon in den 50er Jahren der Fall war, als das Fernsehen noch längst nicht so weit verbreitet war, kann man sich in etwa vorstellen, was bei einer ähnlichen Umfrage heute herauskäme.
Eine Untersuchung, die von der Foundation for Child Development konzipiert und im Jahre 1977 von der Temple University durchgeführt wurde, ergab, daß starke Fernsehkonsumenten (in diesem Falle Kinder zwischen sieben und elf Jahren dazu neigten, häufig ängstlich zu sein, sich vor der ganzen Welt zu fürchten und Angst davor haben, böse Menschen würden in ihr Haus einbrechen oder ihnen etwas antun, wenn sie das Haus verlassen.[9]
Da durch das Fernsehen Bilder des Schreckens und der Gewalt selbst in den »sicheren« Hafen des Zuhauses eindringen, leiden Schüler zunehmend unter irrationalen Ängsten, und ihre Phantasiewelt ist von Monstern, Außerirdischen und ähnlichen Fernsehfiguren bevölkert. Die Lehrerin einer zweiten Klasse berichtet, ein Vielseher in ihrer Klasse sei so von Ungeheuern besessen, daß die meisten seiner Aufsätze von diesen Figuren handeln. »Selbst wenn das gestellte Thema nichts damit zu

tun hat, gelingt es ihm, diese Monster in seine Arbeit einzubauen.«
So wie es einen Zusammenhang zwischen dem Erleben von Gewalt im Fernsehen und gewalttätigem Verhalten zu geben scheint, scheint auch ein Zusammenhang zwischen dem Sehen von angsterregenden Sendungen und verängstigten Kindern zu bestehen. Das Problem besteht darin, daß die meisten Kinder viele Erwachsenensendungen sehen, die sie nicht nur in Angst versetzen, sondern auch den Eindruck erwecken, als sei die Welt voller Menschen, die einen Hang zum Verbrechen haben – was nichts mit der Welt zu tun hat, in die die meisten Kinder hineinwachsen werden.

**Hat Ihr Kind Schwierigkeiten, sich auszudrücken?
Redet Ihr Kind TV-Jargon?**

In unserer Nachbarschaft wohnte früher ein Junge, namens Bobby, der schlau wie ein Fuchs, aber furchtbar verstört war. Wenn er redete, war er kaum zu verstehen, da er zudem noch lispelte. Damals dachten wir nicht viel darüber nach. Wir wußten allerdings, daß Bobbys Mutter eine sehr niedrige Toleranzgrenze für Lärm hatte, und bei der geringsten Unruhe wurden Bobby und sein Bruder auf ihre Zimmer geschickt, wo Bobby bei seinem Fernseher Trost suchte. Es bedurfte der Diagnose eines Sprachpathologen, um zu erkennen, daß Bobby sehr wenig Übung im Sprechen gehabt und seine Sprechmuster vom Fernsehen gelernt hatte. Um seine Sprachfähigkeit zu verbessern, mußte man Bobby konsequent vom Fernsehen abhalten.
Dies ist kein Extremfall. Es gibt viele Forschungsarbeiten zu diesem Thema, und Lehrer stimmen darin überein, daß stundenlange Einwegkommunikation zu einem der unzähligen Sprachprobleme führen kann. Zumindest kann es kleine Kinder auf den falschen Weg bringen.
Einer der befragten Lehrer meinte, Vorschüler müßten ein gewisses Vokabular und Sprachfähigkeiten entwickeln, um auf die schwierigere Aufgabe des Lesens vorbereitet zu sein. »Das Fernsehen lenkt sie von dem ab, was wir ihnen hier beizubringen versuchen, und so geht fast der ganze Tag damit drauf, das vom Fernsehen beeinflußte Denken und Sprechen wieder auf die von der Schule gestellten Aufgaben zu lenken.

»Sprache entwickelt sich nur dann«, sagt Cathy Marino, »wenn man die Kinder dazu bringt, mit anderen Menschen zu sprechen. Es ist ein Geben und Nehmen. Schon am Ende der ersten Woche kann ich genau sagen, wer fernsehsüchtig ist, indem ich einfach auf die Sprachmuster und Satzstrukturen achte.«
Einige Experten meinen, viele Fernsehkinder hätten zwar wahrscheinlich ein größeres Vokabular, aber ein nur oberflächliches Verständnis der Wortbedeutungen. Mary Signer, eine Lehrerin mit zwanzigjähriger Berufserfahrung, widerspricht dem jedoch. »Ich habe festgestellt, daß das Vokabular der Kinder von Jahr zu Jahr geringer wird. Ich konnte kaum glauben, daß meine Zweitkläßler nicht wußten, was die Worte ›Silo‹ oder ›Kran‹ bedeuten. In der Schule können nur gewisse Dinge gelehrt werden. Nach dem Unterricht müssen den Kindern Bücher vorgelesen und neue Umgebungen und Dinge gezeigt und erklärt werden.«
Fernseh-Jugendliche sind ein Paradebeispiel für Menschen, die sich nicht ausdrücken können. Auch die Noten für sprachliche Leistungen in den Prüfungen des Scholastic Aptitude Testing (SAT) haben sich seit 1964, als die ersten Schulabgänger der Fernsehgeneration die High School absolvierten, allmählich um 200 Punkte verschlechtert. Nachdem sie jahrelang mit dem Fernsehen gelebt und vom Fernsehen gelernt haben, verfügen Fernsehkinder schließlich über unvollständige Denkmuster und Fernsehvokabularien. Dies bringt uns zurück zu der Untersuchung der University of Toronto, in der die Sprache in Kinderbüchern mit der des Fernsehens verglichen wurde. In Kinderbüchern werden nicht nur ein größerer Wortschatz, sondern auch immer komplizierter werdende Satzstrukturen verwendet, als das beim Fernsehen der Fall ist. Man muß nur einmal mit einem durchschnittlichen Jugendlichen sprechen, um zu merken, daß das Fernsehen seine Fähigkeit, einen Gedankengang vollständig zu formulieren, beeinträchtigt hat. »Das vorherrschende Kommunikationsmittel unserer Gesellschaft – Worte – scheint den Menschen des neuen Bewußtseins nicht zu entsprechen«, schrieb Charles Reich über die Generation, die mit dem Fernsehen aufgewachsen ist.[10]
Als ich unlängst mit einer Gruppe von Jugendlichen sprach, zählte ich zweiunddreißig überflüssige Füllsel wie »also«, unzählige »Ähs« und einige »Uuiis« und »vielleicht«. Abgesehen von der natürlichen Tendenz der Jugendlichen, nicht mit Er-

wachsenen zu sprechen, scheinen sie heute generell vor dem Sprechen zurückzuscheuen, fast als bereite es ihnen echte Qualen. Laut Aussagen von Lehrern stottern und stammeln Jugendliche, als warteten sie darauf, daß die Worte von selbst herauskämen, aber sie sind außerstande, sie über die Lippen zu bringen. Das Fernsehkind wird nie sprachgewandt sein, wenn es nicht anfängt, mehr Fragen zu stellen, sein Gehirn zu trainieren und seine Gedanken zu erweitern.

Verlangt Ihr Kind nach Spielzeug und Nahrung, für die im Fernsehen geworben wird?

Fast täglich kann man in einem amerikanischen Supermarkt eine Mutter erleben, deren Kinder plötzlich etwas entdecken, wofür im Kinderfernsehen gerade geworben wird. Die Kinder fangen mit kleinen Bitten an: »Können wir das kaufen? Laß uns das doch kaufen!« Die Mutter entgegnet: »Nein, wir brauchen das nicht, und außerdem ist es nicht gut für euch.« Die Kinder reagieren mit Quengeln oder vielleicht mit Tränen. Der Mutter bleibt nur die Wahl zwischen zwei Übeln. Entweder legt sie den Artikel in den Wagen, oder sie bleibt bei ihrem »Nein« und hat es daraufhin für die Dauer ihres Einkaufs mit übelgelaunten Kindern zu tun. Die USA ist voll kleiner Konsumenten, die bereit sind, alles zu kaufen, wofür im Fernsehen geworben wird.

»Sie sollten einmal die Briefe der Kinder an den Weihnachtsmann sehen«, erzählt der Lehrer einer zweiten Klasse. »Letztes Jahr sollten sie nicht nur aufschreiben, was sie geschenkt haben wollten, sondern in dem Brief auch erzählen, wie artig sie gewesen waren, wie oft sie ihrer Mutter geholfen hatten und so weiter. Als ein Zeitungsreporter in die Klasse kam, der darüber einen Artikel schreiben wollte, konnte er kaum glauben, was er las. Die Briefe enthielten nur endlos lange Listen von Dingen, die sich die Kinder wünschten, alles geradewegs von der Fernsehreklame abkopiert.« Früher fiel es den Kindern leicht, den Nikolaus um alle erdenklichen Dinge zu bitten, aber das Fernsehkind der Gegenwart rasselt eine ellenlange Liste von Gegenständen herunter, die es kaum kennen würde, wenn das Fernsehen ihm nicht sozusagen die Auslagen eines Spielwarengeschäfts frei Haus liefern würde.

Glaubt man der Gruppe »Television Awareness Training«, deren Ziel es ist, die Öffentlichkeit zu kritischen Zuschauern zu machen, so werden die meisten Spielsachen in den USA heutzutage mit einer wesentlichen Überlegung gestaltet: Wird das Spielzeug einen guten Fernsehspot abgeben? Es ist wichtig, daß wir uns darüber im klaren sind, daß das amerikanische Fernsehen ein Mittel zum Verkauf von Produkten ist. Es liefert auch Unterhaltung und Information, aber um ein Programm auszustrahlen, bedarf es eines Sponsors. F. Earle Barcus, Professor für Kommunikationswissenschaft an der Boston University, behauptet: »Fernsehwerbung hat wahrscheinlich einen stärkeren Einfluß auf Kinder als irgendeine Art von Programm. Wir alle haben doch schon erlebt, daß ein zweijähriges Kind auf dem Boden spielt, und sobald die Werbung erscheint, hört es auf zu spielen und schaut zu.«[11]
Wenn eine Firma mehr als 100000 Dollar pro Minute ausgibt, kann man sicher sein, daß sie auf jeden Fall versuchen wird, ihr Zielpublikum zu erreichen. Über 600 Millionen Dollar werden in den USA jährlich für Werbung ausgegeben, die sich an Kinder wendet.[12]
Der Verbraucherberater Robert Choate war so aufgebracht über die Kommerzialisierung der Jugend in den USA, daß er sein Anliegen vor den Senat brachte. »In den 30er Jahren hat eine Mutter alle aggressiven, klinkenputzenden Vertreter abgewimmelt, die ihren Kindern einen Floh ins Ohr setzen wollten. Heute wird ihr gesagt, sie soll das unschuldige Kind schützen, während zweiundzwanzig Verkäufer pro Stunde ihr Kind aus der Röhre beschwatzen, verkleidet als die netten Typen aus der Trickfilmwelt oder dem Abenteuerland.«[13]

Ist Ihr Kind ständig gelangweilt und unfähig, sich zu unterhalten?

Vielleicht die verheerendste Folge für die Fernsehgeneration ist die traurige Tatsache, daß Kinder oft gelangweilt und unfähig sind, allein oder mit anderen Kindern zu spielen. Vor zehn oder fünfzehn Jahren waren Spiele wie Himmel und Hölle, Seilhüpfen, Ballspiele und andere Spiele im Freien weit verbreitet, aber das Fernsehen hat dazu beigetragen, daß diese Kinderspiele der Vergangenheit angehören. Die meisten berufstätigen

Mütter fühlen sich nur dann beruhigt, wenn sie wissen, wo ihre Kinder nach der Schule sind, und das bedeutet oft, daß sie bewegungslos vor dem Fernseher sitzen. Die Neugier und das Interesse der Kinder an Spielzeug und Spielen ist ausgestorben, und wir haben es mit einer Generation von Kindern zu tun, die vergessen haben, wie man spielt oder sich beschäftigt, wenn ihnen kein Programm vorgegeben wird.

»Es fällt mir auf«, sagt die Lehrerin einer vierten Klasse, »daß Kinder keine Eigeninitiative entwickeln. Mein Klassenzimmer ist vollgepackt mit schönen Büchern, Spielen und anderen anregenden Dingen, aber wenn die Kinder mit einer Aufgabe fertig sind und noch etwas Zeit übrig haben, fühlen sie sich selten davon angezogen. Ich muß ihnen immer eine spezielle Aufgabe geben. Dasselbe gilt für den Spielplatz. Meistens stehen sie umher und überlegen, was sie tun könnten, während sie doch Kletterstangen, Schaukeln und Bälle vor der Nase haben.«

»Wenn ich den Kindern auftrage, ein Bild von dem zu zeichnen, was sie am Tag zuvor gemacht haben, bereitet mir das Ergebnis großen Kummer. Wenn Sie wüßten, wie viele leere Blätter ich zurückbekomme?« so eine Lehrerin einer zweiten Klasse. »Bei vielen ist der Kopf so mit Fernsehbildern vollgestopft, und manchen fehlt es dermaßen an Erlebnisfähigkeit, daß sie sich nicht erinnern können, was am vorigen Tag passierte.«

Ein Lehrer einer sechsten Klasse: »Alles ist langweilig. Das ist genau das Schlüsselwort, und ich höre es hundert Mal am Tag.«

Wie reagieren Lehrer darauf? Einer gibt zu, sich darüber zu ärgern, auf trickreiche Minishows, umfangreiches Anschauungsmaterial und Tagesereignisse zurückgreifen zu müssen, um die Kinder vor Langeweile zu bewahren. Cathy Marino gab verschämt zu, daß sie sogar so weit ging, einen Fernsehkasten aus Pappe zu basteln, in dem sie Puppenspiele aufführt. »Manchmal begebe ich mich sogar selbst hinter den Kasten und ziehe eine Show ab.«

Bei Dauersehern kann man erleben, daß sie resignieren oder in Tränen ausbrechen, wenn ihnen eine Aufforderung des Lehrers zu kompliziert erscheint. Sie geben vor, gelangweilt zu sein; bei näherem Hinsehen zeigt sich jedoch, daß der schrittweise Prozeß, eine gestellte Aufgabe zu lösen, ein Kind ermüdet und überbeansprucht, wenn es nicht weiß, wie man sich selbst beschäftigt. Erzieher sind sich darüber einig, daß Fernsehkinder

einfach nichts selber machen wollen. Sie erwarten, daß man ihnen alles abnimmt.
In einem ihrer Artikel zitiert Dr. Dorothy Cohen ein fünfjähriges Kind: »Ich schalte gerne Sachen ein und schaue dann zu. Ich will nichts selber tun.« Dr. Cohen fragt sich: »Ist dies die Folge davon, daß die Erlebniswelt der Kinder zu sehr von der Bilderwelt des Fernsehens statt der realen Welt geprägt ist, daß sie mit Karikaturen von Menschen statt mit wirklichen Menschen aufwachsen, und daß sie passiv statt aktiv sind? Wo ist das Kind geblieben, das nichts anderes wollte als spielen? Das Sandburgen, Brücken und Häuser baute? Das herumsprang, seine Spielkameraden umarmte und mit ihnen raufte?«[14]
Ich fürchte, die Antwort auf die Frage ist einfach. Das heutige Kind lebt in einem vollelektronischen Haus und würde sich ohne Fernseher zu Tode langweilen.

Hat Ihr Kind Schwierigkeiten mit den Schulaufgaben?

All die genannten Symptome beeinflussen letzten Endes die Fähigkeiten des Kindes, zu lernen, sich Kenntnisse anzueignen und zu verarbeiten. Übermäßiges Fernsehen arbeitet den Lehrmethoden, die an den meisten Schulen angewandt werden, entgegen.
Großangelegte Untersuchungen über die Auswirkungen des Fernsehens beweisen schlüssig, was viele Kritiker des Mediums schon lange vermutet haben. Das Fernsehen hat die Lernfähigkeit beeinträchtigt. Eine der umfangreichsten Studien wurde 1980 vom kalifornischen Erziehungsministerium abgeschlossen, in der 520.000 Schüler der sechsten und zwölften Klassen untersucht wurden. »Je mehr ferngesehen wird, desto schlechter werden die Noten«, sagt Alex Law, Leiter der Lehrplankommission der Schulen in Kalifornien. »Die intelligentesten Kinder sind genauso gefährdet wie der Durchschnitt, in manchen Fällen sogar noch mehr. ... Man muß sich nur einmal eine dieser üblichen Fernsehserien ansehen, um einzusehen, daß Schüler, die sich jeden Abend sechs Stunden davor berieseln lassen, niemals hochqualifizierte Fähigkeiten entwickeln werden.«[15] Außerdem schneiden Schüler, die mehr lesen, in Leistungstests besser ab, vielleicht einfach deshalb, weil sie während des Lesens nicht fernsehen.

Michael Morgan von der Annenberg School of Communications glaubt auch, daß das Medium mächtig genug ist, um andere Faktoren auszuschalten: »Intensives Fernsehen richtet wahrscheinlich den größten Schaden bei denjenigen Kindern an, die zu höheren Leistungen befähigt wären. Selbst bei Jugendlichen mit überdurchschnittlich hohem IQ und großem Lerneifer, was normalerweise zu höheren Leistungen führen würde, fielen die Testergebnisse ebenso schwach aus wie die weniger begabter Schüler, wenn sie viel vor dem Fernseher saßen.«[16]

Die Forscher können nicht genau erklären, warum der Dauerkonsum von Fernsehen zu schlechteren Leistungen führt; einige glauben jedoch, daß es an der mangelnden Qualität der Inhalte und der Dialoge liegt. Natürlich kann man das Fernsehen nicht für alle Schulprobleme verantwortlich machen. Seine Allgegenwart läßt jedoch vermuten, daß es eine große Rolle spielt. Es zählt zu den wenigen Erfahrungen, die allen Amerikaner/innen gemeinsam ist; wie wir gesehen haben, ist es beinahe in jedem Haushalt vorhanden, und Fernsehen steht an der Spitze der Freizeitbeschäftigungen der Nation. Gleichzeitig berichten Grundschullehrer von Schülern, die nicht lernen können oder nicht lernen wollen; ein namhafter Ausschuß, der vom College Entrance Examination Board ernannt wurde, bezeichnete das Fernsehen als einen der Gründe, weshalb sich die Ergebnisse der SAT-Prüfungen verschlechtert hätten; Colleges bieten inzwischen Nachhilfekurse in Lesen und Schreiben an. Der Romanautor Jerzy Kosinski erklärte in einem Interview, daß die Auswirkungen des Fernsehens leicht zu beobachten seien: »Egal, in welche High School Sie gehen, Sie werden sofort feststellen, wie beschränkt die Selbstwahrnehmung der Schüler ist, wie verkrüppelt ihre Phantasie ist, wie unfähig sie sind, eine Geschichte zu erzählen, zu lesen und sich zu konzentrieren oder selbst ein gerade stattgefundenes Ereignis genau zu beschreiben. Sie werden feststellen, wie leicht sie gelangweilt sind, wie schnell sie die bekannte zurückgelehnte Stellung im Klassenzimmer einnehmen und wie kurz ihre Aufmerksamkeitsspanne ist.«[17]

Dies sind die Schüler, die nach Fernsehart, nämlich durch »Sesamstraße«, »lesen« lernten, deren Interesse an einem Bild nicht länger als acht Sekunden anhält, wenn man den Produzenten von Filmen für High Schools glaubt. »Das elektronische

Medium, das Visualität, Unmittelbarkeit, Mehrgleisigkeit und Fragmentierung betont, fördert keineswegs die Haltungen, die für den Schulunterricht so wesentlich sind«, sagt Professor Postman.[18]

Wenn Ihr Kind Probleme in der Schule hat, können diese vielleicht ganz einfach dadurch behoben werden, daß Sie die AUS-Taste drücken.

5. Das Programm »In vier Wochen fernsehfrei«

Sie sind nun weit genug in diesem Buch vorangekommen, um zu wissen, daß das Fernsehen viele Aspekte des Familienlebens und der Kindesentwicklung beeinflussen kann, und Sie fragen sich jetzt wahrscheinlich, wie sehr sich das Fernsehen denn in ihrem Haushalt eingenistet hat.
Fernsehmißbrauch ist vergleichbar mit zu viel Essen. Sie werden sicherlich keine rigorose Diät machen, außer Sie sind wirklich unglücklich über Ihre Figur. Ähnlich ist es mit dem Rauchen. Erst wenn es seine Gesundheit angreift, wenn er schon beim geringsten Treppensteigen nach Atem ringt, wird der Durchschnittsmensch eine Strategie entwickeln, um das Rauchen aufzugeben.
Genauso ist es mit dem übermäßigen Gebrauch des Fernsehers. Sitzen Ihre Kinder vor dem Kasten, wenn Sie sich eigentlich wünschten, sie würden draußen spielen? Richtet sich Ihr Tagesablauf nach den Sendezeiten von Unterhaltungsserien? Fällt Ihnen das Summen der Fernsehgeräte, das Abend für Abend aus allen Räumen dringt, immer mehr auf? Dann ist es an der Zeit, daß Ihre Familie den folgenden Fernseh-Fragebogen beantwortet, um zu sehen, wie es um sie steht. Lassen Sie jedes Familienmitglied die Fragen für sich beantworten.

Der Fernseh-Fragebogen

1. Wie viele Stunden pro Tag sehen Sie fern?
2. Sitzen Sie allein vor dem Fernseher?
3. Sehen Sie fern, weil Sie sich langweilen oder nichts anderes zu tun haben?
4. Schalten Sie eine Sendung auch dann nicht aus, wenn sie Sie nicht interessiert?
5. Bleiben Ihre Fernsehgeräte auch dann lange eingeschaltet, wenn Sie und Ihre Familie nicht zuschauen?
6. Sehen Sie nachts im Bett fern?
7. Läuft das Fernsehen während der Mahlzeiten?

8. Schalten Sie Ihr Gerät auch nicht aus, wenn unerwarteter Besuch kommt?
9. Berühren manche Sendungen Sie emotional?
10. Schalten Sie das Gerät ein, um Ihre Vorschulkinder zu beschäftigen?
11. Sehen Sie hauptsächlich zur Entspannung fern?
12. Würden Sie das Fernsehen vermissen, wenn Sie kein Gerät hätten?

Wenn Sie mehr als zwei Stunden täglich fernsehen und die meisten Fragen mit »Ja« beantwortet haben, sollten Sie sich darüber im klaren sein, daß das Fernsehen Ihr Leben beherrscht.
Seien Sie nicht überrascht, wenn das auf Sie zutrifft. Schließlich wurde das Fernsehen erfunden, um uns zu verzaubern, zu unterhalten, zu elektrisieren und seine Zuschauer zu bannen; es ist also nicht Ihre Schuld, wenn es sich in Ihr Haus eingeschlichen hat. Auch ist es nicht Ihr Fehler, daß Sie in die Falle der maschinellen Elternschaft gegangen sind und den Fernseher als Babysitter benutzen.
Schuldig machen Sie sich jedoch, wenn Sie über die Symptome und Gefahren der Fernsehsucht Bescheid wissen und sich und Ihre Familie weiterhin vom Fernsehen gefangenhalten lassen wollen. Es ist Zeit, daß Sie sich das Fernsehen abgewöhnen und anfangen, Ihren Fernsehkonsum zu kontrollieren, anstatt sich vom Fernsehen beherrschen zu lassen.
Mit Ihrem neu entwickelten Bewußtsein wissen Sie nun, was Sie zu tun haben – schalten Sie den Fernseher aus und Ihr Gehirn ein. Es ist Zeit, daß Sie sich nicht mehr berieseln lassen und sich mit dem Programmangebot kritisch auseinandersetzen. Mit einem Wort, Sie sind kurz davor, sich vom Fernseher abzunabeln. Wie fangen Sie das an?
Das Programm »In Vier Wochen fernsehfrei«, das ich nun beschreiben werde, wurde aus dem Programm »Die fernsehfreie Woche« entwickelt, das ich an Grundschulen und in Arbeitsgruppen für Eltern vorgestellt habe. Sie und Ihre Familie können das Programm allein ausprobieren. Sie können aber auch eine Gruppe dafür gewinnen, das Programm gemeinsam mit Ihnen durchführen, denn manchen Menschen (besonders Kindern) fällt es leichter, Enthaltsamkeit zu üben, wenn sie von Freunden unterstützt werden. Ob Sie sich nun entscheiden, das

Programm allein oder gemeinsam mit anderen in Angriff zu nehmen, auf jeden Fall müssen Sie selbst die feste Absicht haben, das Fernsehen unter Kontrolle zu bringen. Um Ihr Vorhaben ständig vor Augen zu haben, sollten Sie die folgende Liste in Ihrem Haus gut sichtbar aufhängen. Die hier genannten Gründe werden Sie darin bestärken, das Programm konsequent durchzuführen, auch wenn Sie in Ihrem Entschluß einmal schwankend werden.

Sechs Gründe, sich das Fernsehen abzugewöhnen

1. Kinder müssen lernen, ihr eigenes Leben zu leben, bevor sie das Fernsehleben kennenlernen.
2. Für jedes Kind ist es unerläßlich, sich in den ersten Lebensjahren zu einem Individuum zu entwickeln, nicht zu einer Klischeefigur, wie sie das Fernsehen anbietet.
3. Es liegt nicht in der Natur des Kindes, unglücklich zu sein. Ein Kind mag sich ohne Fernsehen vorübergehend langweilen, aber es wird bald einen Weg zu einem glücklichen, aktiven Leben entdecken.
4. Wir dürfen den Verlust der Kindheit nicht hinnehmen. Unsere Kultur braucht aktive, einfallsreiche Kinder, damit Phantasie und Spiel lebendig bleiben.
5. Warum bieten wir unseren Kindern ein Pseudo-Leben, wenn ihr natürlicher Instinkt sie doch drängt, selbst zu handeln, selbst zu leben?
6. Kinder wollen mit Menschen zu tun haben, nicht mit Maschinen.

Das Programm »In vier Wochen fernsehfrei« stellt einen Prozeß der allmählichen Abwendung vom Fernsehen dar und will dazu beitragen, daß allen Familienmitgliedern – Erwachsenen wie Kindern – bewußt wird, wie sehr das Fernsehen ihr Leben bisher bestimmt hat. Außerdem will es jedem einzelnen helfen, die vielfältigen Möglichkeiten, die das Leben bereichern, wieder zu entdecken, für die man Zeit hat, wenn das Fernsehen nicht mehr den Mittelpunkt des Lebens bildet.

Erste Woche – Sie beobachten sich beim Fernsehen

Sie beginnen das Programm »In vier Wochen fernsehfrei«, ohne Ihren bisherigen Tagesablauf zu ändern. Während dieser ersten Woche wird es lediglich Ihre Aufgabe sein, am Ende jeden Tages den »Täglichen Stundenplan« (siehe Seite 70–71) auszufüllen, in den Sie alle Ihre Tätigkeiten einschließlich Ihres täglichen Fernsehpensums eintragen. Am Ende der Woche rechnen Sie die Anzahl der Stunden aus, die Sie ferngesehen haben.
Fordern Sie jedes Familienmitglied auf, einen eigenen Stundenplan auszufüllen. Wenn Ihre Kinder dazu noch zu klein sind, lassen Sie es jemand anderen tun. Diese Eintragungen werden Ihnen wirklich die Augen öffnen. Dies gilt vor allem für die Mütter, denn die meisten haben keine Ahnung, wieviel Zeit ihre Kinder täglich vor dem Fernseher zubringen.
Wichtig ist, daß sich wirklich die ganze Familie daran beteiligt. Wenn man das Programm als eine Art »Experiment« durchführt, wird Ihre Anti-Fernseh-Kampagne in einer unbeschwerten und kooperativen Atmosphäre ablaufen. Die meisten Familien dürften ziemlich überrascht über ihren Fernsehkonsum sein. Für die Kinder wird es ein Vergnügen sein, Mamas und Papas Zeittabellen zu überprüfen, um festzustellen, ob die Erwachsenen im Haus nicht vielleicht noch süchtiger sind als sie selbst.
Achten Sie beim Fernsehen darauf, wie häufig Darstellungen von Gewalt vorkommen. Machen Sie eine Liste der Produkte, für die im Fernsehen geworben wird, und schauen Sie sich dann im Haus um, um festzustellen, wie sehr das Fernsehen das Konsumverhalten Ihrer Familie beeinflußt hat.
Als Vorbereitung auf die folgenden Wochen des Programms erkundigen Sie sich in der örtlichen Bücherei oder Buchhandlung nach Literatur über kritisches Fernsehverhalten. Dort können Sie sich auch gleich nach Lesestoff für Ihre Kinder umsehen. Um Ihnen die Auswahl zu erleichtern, fragen Sie nach der »Empfehlungsliste« des »Arbeitskreises für Jugendliteratur«. Empfehlungen geben auch die »Arbeitsgemeinschaft Jugendbuch Göttingen« und die »Deutsche Akademie für Kinder- und Jugendliteratur«, Volkach. Eine monatliche Empfehlungsliste gibt auch das Magazin »Der Bunte Hund« heraus, die in Buchhandlungen und Bibliotheken oder direkt beim Verlag Beltz, Postfach 1120, 6940 Weinheim zu erhalten ist.

Programmtabelle
Aus welchem Grund wollen Sie eine bestimmte Sendung ansehen: Unterhaltung, Kunstgenuß, Entspannung, nichts anderes zu tun, Information, andere Gründe.
Wie würden Sie die Sendung im nachhinein bewerten: Ausgezeichnet, gut, mittelmäßig, schlecht.

Sonntag	Sendung, die ich sehen möchte: Grund: Bewertung: Statt fernzusehen, entschloß ich mich zu:	Sendung, die ich sehen möchte: Grund: Bewertung: Statt fernzusehen, entschloß ich mich zu:
Montag	Sendung, die ich sehen möchte: Grund: Bewertung: Statt fernzusehen, entschloß ich mich zu:	Sendung, die ich sehen möchte: Grund: Bewertung: Statt fernzusehen, entschloß ich mich zu:
Dienstag	Sendung, die ich sehen möchte: Grund: Bewertung: Statt fernzusehen, entschloß ich mich zu:	Sendung, die ich sehen möchte: Grund: Bewertung: Statt fernzusehen, entschloß ich mich zu:
Mittwoch	Sendung, die ich sehen möchte: Grund: Bewertung: Statt fernzusehen, entschloß ich mich zu:	Sendung, die ich sehen möchte: Grund: Bewertung: Statt fernzusehen, entschloß ich mich zu:

Sendung, die ich sehen möchte: Grund: Bewertung: Statt fernzusehen, entschloß ich mich zu:	Sendung, die ich sehen möchte: Grund: Bewertung: Statt fernzusehen, entschloß ich mich zu:
Sendung, die ich sehen möchte: Grund: Bewertung: Statt fernzusehen, entschloß ich mich zu:	Sendung, die ich sehen möchte: Grund: Bewertung: Statt fernzusehen, entschloß ich mich zu:
Sendung, die ich sehen möchte: Grund: Bewertung: Statt fernzusehen, entschloß ich mich zu:	Sendung, die ich sehen möchte: Grund: Bewertung: Statt fernzusehen, entschloß ich mich zu:
Sendung, die ich sehen möchte: Grund: Bewertung: Statt fernzusehen, entschloß ich mich zu:	Sendung, die ich sehen möchte: Grund: Bewertung: Statt fernzusehen, entschloß ich mich zu:

Programmtabelle

Aus welchem Grund wollen Sie eine bestimmte Sendung ansehen: Unterhaltung, Kunstgenuß, Entspannung, nichts anderes zu tun, Information, andere Gründe.

Wie würden Sie die Sendung im nachhinein bewerten: Ausgezeichnet, gut, mittelmäßig, schlecht.

Donnerstag	Sendung, die ich sehen möchte: Grund: Bewertung: Statt fernzusehen, entschloß ich mich zu:	Sendung, die ich sehen möchte: Grund: Bewertung: Statt fernzusehen, entschloß ich mich zu:
Freitag	Sendung, die ich sehen möchte: Grund: Bewertung: Statt fernzusehen, entschloß ich mich zu:	Sendung, die ich sehen möchte: Grund: Bewertung: Statt fernzusehen, entschloß ich mich zu:
Samstag	Sendung, die ich sehen möchte: Grund: Bewertung: Statt fernzusehen, entschloß ich mich zu:	Sendung, die ich sehen möchte: Grund: Bewertung: Statt fernzusehen, entschloß ich mich zu:

Sendung, die ich sehen möchte: Grund: Bewertung: Statt fernzusehen, entschloß ich mich zu:	Sendung, die ich sehen möchte: Grund: Bewertung: Statt fernzusehen, entschloß ich mich zu:
Sendung, die ich sehen möchte: Grund: Bewertung: Statt fernzusehen, entschloß ich mich zu:	Sendung, die ich sehen möchte: Grund: Bewertung: Statt fernzusehen, entschloß ich mich zu:
Sendung, die ich sehen möchte: Grund: Bewertung: Statt fernzusehen, entschloß ich mich zu:	Sendung, die ich sehen möchte: Grund: Bewertung: Statt fernzusehen, entschloß ich mich zu:

Zweite Woche – Sie betrachten die Sache kritisch

Machen Sie in der zweiten Woche mit dem Fernsehen weiter, aber fangen Sie an, mit kritischeren Augen zu sehen. Entscheiden Sie zu Beginn eines jeden Tages ganz bewußt, welche Sendungen Sie sehen wollen und warum Sie sie sehen wollen.

Nachdem Sie eine Sendung gesehen haben, bewerten Sie sie mit ausgezeichnet, gut, mittelmäßig oder schwach. Dabei gilt es, folgende Faktoren zu berücksichtigen:

Die Qualität des Drehbuchs: Ist die Situation realistisch? Sind die Witze lustig? Verhalten sich die Charaktere wie wirkliche Menschen? Hat der Dialog ein hohes Niveau?

Das Ausmaß der Gewalt: War die Darstellung von Gewalt in der Sendung notwendig? Wurden sie verängstigt? War es für Kinder geeignet?

Den Grad der Aufrichtigkeit: Hat die Geschichte wirklich die Fragen beantwortet, die sie aufwarf? Wurde im Falle eines Dokumentarfilms das Thema umfassend behandelt?

Den Unterhaltungswert: War die Sendung die Zeit wert, die Sie dafür aufbrachten? Fühlten Sie sich nach der Sendung froh und heiter? War es eine gute Ablenkung?

Benutzen Sie die beigefügte Programmtabelle als Hilfe bei Ihrer neuen kritischen Einstellung gegenüber dem Fernsehen. Kinder brauchen wahrscheinlich etwas Unterstützung beim Ausfüllen. Vielleicht können Sie sich mit Ihrer Familie am Abend eine Stunde zusammensetzen, in der Sie gemeinsam die Tabellen ausfüllen. Nutzen Sie die Gelegenheit, über die möglicherweise auch unterschiedliche Einschätzung von Sendungen zu sprechen.

Beantworten Sie am Ende der zweiten Woche folgende Fragen:

Wieviele Sendungen habe ich diese Woche gesehen?

Habe ich mehr oder weniger als gewöhnlich gesehen?

Wenn ich mich entschied, zu einer bestimmten Zeit nicht fernzusehen, was habe ich statt dessen getan?

Welche andere Aktivitäten zur Unterhaltung, Entspannung, Information oder Geselligkeit habe ich in mein Wochenprogramm aufgenommen?

Wenn Sie die »Programmtabelle« selbstkritisch ausgefüllt haben, können Sie feststellen, wie viele Fernsehsendungen, die

Sie regelmäßig gesehen haben, an Ihre neu entwickelten Qualitätsmaßstäbe – sei es im Hinblick auf gute Unterhaltung oder Information usw. – nicht heranreichen.

Dritte Woche – Fangen Sie an zu reduzieren

Beginnen Sie in der dritten Woche damit, die Fernsehzeit der gesamten Familie schrittweise zu reduzieren, indem Sie folgende einfache Regeln beachten:

1. Benutzen Sie nur einen Fernseher im Haushalt. Bedecken Sie alle übrigen Geräte mit Tüchern oder räumen Sie sie weg.
2. Schalten Sie den Fernseher während der Mahlzeiten aus.
3. Wählen Sie drei Abende in der Woche, an denen nicht ferngesehen werden darf.
4. Erlauben Sie an den übrigen zwei Abenden jeweils eine Fernsehstunde. Falls eine Stunde für Ihre Familie nicht genug ist, dann wählen Sie eine weitere Stunde ausschließlich entsprechend Ihren neu gewonnenen Qualitätsmaßstäben.
5. Lassen Sie Ihre Familie abstimmen, wie viele Fernsehstunden am Samstag und Sonntag erlaubt sein sollen.
6. Sehen Sie sich am Sonntag das Fernsehprogramm in der Zeitung an und wählen Sie mit der ganzen Familie die Sendungen aus, die Sie in der folgenden Woche sehen wollen. Falls einige Familienmitglieder unterschiedliche Interessen haben, können sie verschiedene Sendungen ansehen.
7. Wählen Sie allenfalls eine Unterhaltungsserie und sehen sich diese gemeinsam an.

Lassen Sie zum Beginn der Woche jedes Familienmitglied eine »Fernsehtabelle für die Dritte Woche« ausfüllen. Sehen Sie sich gemeinsam jeden Tag die Tabellen an, um zu sehen, wie jeder einzelne vorankommt und um Hilfestellung zu bieten.
Befolgen Sie während des Fernsehens in der dritten Woche folgende Ratschläge (nach: National Educational Television):

- Es ist wichtig, sich auf Sendungen vorzubereiten. Bringen Sie vorab so viel wie möglich über die von Ihnen ausgewählte Sendung in Erfahrung. Sprechen Sie über die bevorstehende Sendung und ermuntern Sie ihre Kinder, auf spezielle Dinge zu achten. Dadurch wird das Zuschauen eher aktiv als passiv.

Stundenplan

	Sonntag	Montag	Dienstag
6.00			
7.00			
8.00			
9.00			
10.00			
11.00			
12.00			
13.00			
14.00			
15.00			
16.00			
17.00			
18.00			
19.00			
20.00			
21.00			
22.00			
23.00			
Gesamtzahl der Fernsehstunden			
Gesamtzahl der Fernsehstunden diese Woche			

Mittwoch	Donnerstag	Freitag	Samstag

Fernsehtabelle für die Dritte Woche

	Sendungen, die ich sehen möchte
Sonntag	
Montag	
Dienstag	
Mittwoch	
Donnerstag	
Freitag	
Samstag	
Summen	

◯ Geplante Fernsehzeit eingehalten

◯ Unterschreitung um ____ Stunden und ____ Minuten.

◯ Überschreitung um ____ Stunden und ____ Minuten.

Name ____________________

Geplante Fernsehzeit Stunden / Minuten	Tatsächliche Fernseh- zeit Stunden / Minuten	Überschreitung / Unterschreitung Stunden / Minuten

- Für eine gute Sicht ist es wichtig, daß Sie in angemessener Distanz vor dem Gerät sitzen. Halten Sie mindestens drei Meter Abstand. Zu nahe an einem Farbfernseher zu sitzen, kann gesundheitsschädlich sein.
- Geben Sie Ihren Kindern während des Fernsehens bestimmte Aufgaben. Lassen Sie sie zum Beispiel auf Namen und Daten achten, auf Unterschiede oder Ähnlichkeiten zwischen den handelnden Personen sowie auf die Motive ihres Handelns. Auf diese Weise wird die Aufmerksamkeit erhöht, und das Gesehene prägt sich besser ins Gedächtnis ein.
- Sehen Sie gemeinsam mit Ihren Kindern fern. Scheuen Sie sich nicht davor, während der Sendung auf Dinge hinzuweisen und über Vorkommnisse zu reden. Machen Sie aus dem Fernsehen eine Gemeinschaftserfahrung statt eines Einzelunternehmens.

  Wenn die Sendung vorüber ist, können darauf bezogene Aktivitäten folgen: Rollenspiele, Tischgespräche, Bücher über das Thema der Sendung und so weiter.

Vierte Woche – Das Leben ohne Fernsehen beginnt

In der vierten Woche werden Sie Ihren Fernseher ausschalten und ihn ausgeschaltet lassen. Bevor Sie dies jedoch tun, setzen Sie sich mit Ihrer Familie zusammen und beantworten folgende Fragen in aller Ehrlichkeit:

Sind wir jetzt so weit, die meisten Sendungen, die wir letzte Woche gesehen haben, durch andere Aktivitäten ersetzen zu können?

Haben wir ein ausreichendes Bewußtsein über das Fernsehen erlangt, um von nun an mit weniger Fernsehen auszukommen?

Wenn Sie diese Fragen mit »Ja« beantwortet haben, dann fahren Sie mit dem Entwöhnungsprogramm fort.

1. Ziehen Sie alle Fernsehkabel aus der Steckdose, entfernen Sie die Geräte aus den Zimmern. Noch besser wäre es, Sie verschenkten Ihre Fernseher und melden sie ab. Sie sparen auf jeden Fall die Fernsehgebühren.
2. Kaufen Sie keine TV-Programmzeitschrift und entfernen Sie die Programmseite aus der Zeitung, sobald Sie diese

aufschlagen. Sonst ärgern Sie sich möglicherweise doch, daß Sie eine Sendung versäumen.

3. Falls Sie das Gefühl haben, eine bestimmte Serie unbedingt sehen zu wollen, nehmen Sie sich für die Sendezeit etwas Produktives und Anregendes vor oder gehen Sie aus dem Haus (Besuch bei Freunden, Kino). Rufen Sie wenigstens eine/n Freund/in an und unterhalten Sie sich mit ihm/ihr.

Um die Zeit auszufüllen, die Ihnen anfangs als endlose Leere erscheinen wird, versuchen Sie einige der folgenden Strategien:

- Halten Sie Ihre täglichen Aktivitäten in einem Tagebuch fest, in dem Sie Hausarbeit, Telephongespräche, Radiosendungen und die mit Freunden verbrachte Zeit und so weiter auflisten.
- Stellen Sie eine Liste von Beschäftigungen als Alternativen zum Fernsehen zusammen.
- Seien Sie geselliger und regen Sie Ihre Kinder dazu an, Freunde einzuladen.
- Machen Sie aus diesem Experiment ein Spiel. Entwerfen Sie ein Plakat mit dem Motto »Fernsehfreie Woche« und bringen Sie es sichtbar in Ihrem Haus an. Hängen Sie ein Schild vor die Mattscheibe, auf dem »Bitte nicht Fernsehen« steht.

Führen Sie ein Tagebuch, in dem Sie notieren, wie Sie sich ohne Fernsehen fühlen. Das wird Ihnen helfen, über eventuelle Entzugserscheinungen hinwegzukommen.
Denken Sie immer daran, daß sich schon viele Familien vor Ihnen das Fernsehen abgewöhnt haben. Sie berichten, daß die Kinder erleichtert waren, als der Fernseher endlich ausgeschaltet wurde. Es machte wieder Spaß, eine Familie zu sein, da man endlich wieder Zeit für einander und für sich selbst gewinnt.
Gewöhnlich sind am Ende der vierten Woche nur diejenigen unglücklich, die extrem süchtig waren. Familien, die mehrere Fernseher, Videospiele und Computer im Haus haben und sich der elektronischen Übermacht total ausgeliefert haben, werden in der vierten Woche noch eine gewisse Spannung empfinden.
Eltern befürchten zu Anfang, daß ihnen ohne Fernsehen die Rolle eines Zauberers, Entertainers und Lehrers in einer Person zufallen würde. Sie werden jedoch bald feststellen, daß Sie

nichts weiter als ein Katalysator sind. In den ersten paar Tagen werden Sie als Ideenlieferant gebraucht, aber dann wird das Kind in Ihren Kindern wieder zum Vorschein kommen. Wenn Sie nicht in der Nähe sind, um Anregungen zu geben oder konkrete Vorschläge zu machen, werden die Kinder eigene Ideen entwickeln. Ich garantiere Ihnen, daß sie nicht lange däumchendrehend zu Hause herumsitzen werden. Nach meinen Erfahrungen saß noch kein Kind länger als eine halbe Stunde müßig und verärgert herum, weil es kein Fernsehen gab. Wenn man Kinder sich selbst überläßt, wissen sie immer ihre Zeit auszufüllen. Während dieses Vorgangs werden nie entdeckte oder längst vergessene Dinge zum Vorschein kommen. Ist es schließlich nicht das natürliche Bedürfnis eines Kindes zu spielen?

Wenn Sie diese ersten paar Tage ohne Fernsehen überstanden haben, werden Sie erleichtert feststellen, welche Ruhe in Ihren Haushalt eingekehrt ist. Die Zeit, in der Ihre ganze Familie zu Hause ist, wird nun nicht mehr von Fernsehsendungen beherrscht und blockiert. Sie haben genügend Zeit, um gemeinsam etwas zu tun. Schließlich ist Spielen für Erwachsene und Kinder gleichermaßen förderlich. Laut Frank und Theresa Caplin heißt es: »Wenn Erwachsene aufhören zu spielen, neigen sie dazu, ihre Zuflucht zum Alkohol, zu Drogen und zum Fernsehen zu nehmen.«

Diente das Fernsehen bisher dazu, Langeweile und schlechte Laune zu vertreiben, so haben Sie jetzt Zeit, auf Ihre Kinder einzugehen, wenn sie sich manchmal traurig, unglücklich, wütend und unruhig fühlen. Es schafft eine echte Verbindung zwischen den Generationen, diese Gefühle gemeinsam zu bewältigen. Indem Sie Ihren Kindern helfen, ihre Frustrationen aktiv zu überwinden, statt sie zu verdrängen, indem Sie ihnen helfen, ihren Problemen ins Auge zu sehen und sie zu lösen, statt sie vom Fernsehen zudecken zu lassen, bereiten Sie sie gründlich darauf vor, erwachsen zu werden und einen Platz in ihrer Welt einzunehmen.

Damit Ihr Haushalt ohne Fernsehen funktioniert, werden Sie die Lücken ausfüllen müssen, die Sie bisher vor dem Fernseher verbracht haben. Hier sind ein paar Vorschläge für ebenso süchtigmachende, aber wesentlich befriedigendere Unterhaltung.

Schaffen Sie einen Spielraum

Fehlt es Ihnen an Platz? Seien Sie darauf vorbereitet, das Eßzimmer preiszugeben, einen Teil des Wohnzimmers, den Keller oder irgendeinen anderen Teil Ihres Hauses oder Ihrer Wohnung, der für Kinder attraktiv und zugänglich ist. Kinder brauchen einen privaten Ort, der nur ihnen gehört und wo sie spielen, Experimente machen und anderen geheimen Beschäftigungen nachgehen können, ohne von ihren Eltern überwacht zu werden. Selbst wenn der Platz unter einer Treppe oder in der Ecke eines viel benutzten Raumes ist, werden Ihre Kinder wissen, daß er ihnen gehört. Mütter, findet Euch mit der Tatsache ab, daß an diesen besonderen Spielplätzen alles erlaubt ist – mit bestimmten Grenzen. Spielecken werden sich nie zur Abbildung in Schöner Wohnen eignen.

Schaffen Sie Platz für Sportausrüstungen

Sportausrüstungen sind ein wichtiger Bestandteil für einen Haushalt ohne Fernsehen. Sie können in einem großen Schrank, in einer Reihe von Kisten an der Garagenwand oder in einem speziell für diesen Zweck gebautem offenen Regal untergebracht werden. Vorhanden sollten sein alle möglichen Ausrüstungsgegenstände – Handschuhe, Schlaghölzer, Wurfspiele, Springseile, Rollschuhe, Helme, Hüte, Gummi- und Tennisbälle, Basketbälle, Luftpumpen und Kreide, um Hindernisbahnen, Spielfeldlinien und Hüpfparcours zu markieren. Seien Sie gewillt, verlorengegangene Bälle und andere Ausrüstung zu ersetzen.

Stellen Sie einen Basteltisch auf

Ein Eßtisch eignet sich am besten für eine Reihe von Bastelarbeiten. Bedecken Sie ihn mit Zeitungen und einer Plastikfolie. Bauen Sie entlang der Wand ein paar einfache Regale. Kaufen Sie Körbe verschiedener Größe, in denen Sie Malkreide, Wachs, Ton, Klebstoff, Farbe, Pinsel, Scheren, Bleistifte, Filzstifte und andere Materialien aufbewahren können. Lassen Sie Papier, Modellbaukästen, Bastelbücher, Papierpuppen und alles, was Ihnen sonst noch einfällt, gut sichtbar für Ihre Kinder herumliegen. Sie werden erstaunt sein, wie oft am Tag Ihre Kinder von dieser Bastelecke angezogen werden. Ein Werktisch ist unendlich viel einladender als ein Fernsehbildschirm.

Sehen Sie während der vierten Woche einen oder zwei Abende für gemeinsame Spiele und Projekte vor. Ein Familienabend eignet sich z. B. hervorragend für Urlaubsplanung, Basteln, Monopoly- und Kartenspiele.

Hier sind noch einige weitere Strategien für die Familie und Vorschläge, wie Sie die vierte Woche durchstehen.

Holen Sie die Radios wieder aus der Versenkung und deuten Sie auf eines, wenn Vati Lust auf seine gewohnten Fernsehnachrichten hat.

Sorgen Sie dafür, daß Mittel zu Beschäftigungen wie Kreuzworträtsel, Handarbeiten, Bücher und Zeitschriften jederzeit griffbereit sind. Stellen Sie einen ständig bereiten Spieltisch auf, so daß es genau so einfach ist, ein Brett- oder Kartenspiel anzufangen, wie den Fernseher einzuschalten.

Planen Sie einige längst fällige Arbeiten im Haus, wie etwa den Keller aufräumen, das Wohnzimmer neu streichen oder die Fenster putzen.

Stellen Sie neue Menüs zusammen und probieren Sie neue Rezepte aus. Kaufen Sie ein Kochbuch für Ihre Kinder, damit sie sich mit der Kunst des Kochens oder Backens vergnügen können.

Wenn Sie regelmäßig eine Sportart betreiben, wie etwa Tennis, Schlagball, Squash oder Handball, reservieren Sie den Platz zu zusätzlichen Zeiten, besonders während Ihrer früheren abendlichen Fernsehstunden.

Reparieren Sie das kaputte Fahrrad oder einen anderen Gegenstand, der darauf wartete, instandgesetzt zu werden.

Gehen Sie aus dem Haus. Gehen Sie ins Kino, machen Sie Spaziergänge, gehen Sie zum Abendessen aus.

Beschäftigen Sie sich wieder mit Ihren alten Hobbys. Hatten Sie in Ihrer Jugend eine Briefmarkensammlung?

Laden Sie einmal pro Woche eine andere Familie zum Abendessen ein, bei dem gegessen wird, was mitgebracht wird oder gerade da ist.

Lesen Sie Ihren Kindern vor dem Einschlafen vor. Wenn sie dazu zu alt sind, lesen Sie der ganzen Familie eine gute Kurzgeschichte vor.

Gehen Sie mit der ganzen Familie in die Bücherei.
Sortieren Sie Ihre Dias und fangen Sie wieder mit Diavorführungen an.
Legen Sie ein Fotoalbum an, in das Sie alle Fotos Ihrer Familie einkleben.
Dies ist lediglich eine Auswahl von Beschäftigungen, für die Sie Zeit haben, wenn Sie das Fernsehen aus Ihrem Leben verbannen. Wenn die Woche vorüber ist, haben alle Familienmitglieder schon so viele Projekte angefangen und so viele angenehme Stunden gemeinsam verbracht, daß es ihnen nicht mehr schwerfällt, sich ein Leben mit drastisch reduziertem Fernsehkonsum vorzustellen.

6. Wie bleiben wir enthaltsam?

Sie sind am Ziel angekommen. Sie haben eine ganze Woche ohne Fernsehen hinter sich gebracht. Zugegeben, es war manchmal eine harte Zeit, um dies zu erreichen, aber blicken Sie jetzt nicht zurück. Schreiten Sie statt dessen voran. Sie haben eine Dynamik entwickelt, die es Ihnen ermöglichen wird, mit dem Fernsehen bewußter umzugehen und dies auch beizubehalten.

Natürlich werden Sie ab und zu Zweifel haben. Wenn es einmal in Strömen regnet oder schneit, wird niemandem etwas einfallen, was man tun könnte. Dies ist der Moment, in dem die Kinder früher gewöhnlich zum Fernseher eilten. Nun schauen sie zu Ihnen auf, mit einem Blick, der besagt: »Na, was machen wir jetzt?« Warum, werden Sie sich wieder einmal fragen, berauben Sie Ihre Kinder und sich selbst des Fernsehens? Lohnt sich die Mühe? Sobald Ihnen diese Fragen in den Sinn kommen, werfen Sie einen Blick auf die Liste, die Sie aufgehängt haben, und lesen die »Sechs Gründe, sich das Fernsehen abzugewöhnen« laut vor. Das sollte Sie daran erinnern, warum Sie sich entschlossen haben, das Fernsehen zu reduzieren. Aber wie stellen Sie es an, diesen Entschluß in Ihrem Leben praktisch umzusetzen?

Am einfachsten ist es, das Fernsehgerät aus dem Haus zu schaffen oder es wegzuräumen. Wenn kein Fernseher herumsteht oder der Zugang dazu erschwert ist, reduziert sich das Problem der Kontrolle erheblich; für die meisten Familien ist diese Lösung jedoch unpraktikabel. Zudem sind sich die meisten Familien nach Abschluß des Programms »In vier Wochen fernsehfrei« ziemlich sicher, daß das Fernsehen nie wieder eine so beherrschende Rolle in ihrem Leben einnehmen wird.

Sobald Sie die ersten Schritte gemacht haben, um sich das Fernsehen abzugewöhnen, brauchen Sie ein sorgfältig geplantes Programm, um die Kontrolle über individuelles und gemeinsames Fernsehen zu behalten, und dieses Programm braucht Regeln, denen alle zustimmen. Die Fernsehzeiten müssen ebenso sorgfältig geplant werden wie die Mahlzeiten und sonstigen Beschäftigungen der Woche, und Sie sollten sich vorsorglich auf Augenblicke vorbereiten, in denen Sie in Versuchung geraten, in ihre alten Fernsehgewohnheiten zurückzufallen.

Wie man ein Familienprogramm ausarbeitet

Die Familie sollte zuerst entscheiden, wie viele Fernsehstunden jede Woche erlaubt sein sollen. Viele Familien setzen ihr wöchentliches Maximum auf zehn Stunden fest. Nach Dr. Kenneth Hopkins, der für das National Institute of Education eine Studie unter dem Titel »Die Auswirkung des Freizeitfernsehens auf das Lernen in der Schule« durchführte, können bis zu zehn Stunden pro Woche die Leistung eines Schülers in der Schule sogar geringfügig steigern.[1] Sobald jedoch zehn Stunden überschritten werden, verringert sich das Leistungsniveau des Schülers zunehmend.

Ein paar besondere Regeln werden Ihr Enthaltsamkeitsprogramm unterstützen und zu einem sinnvollen Umgang mit dem Medium führen. Stellen Sie Ihre eigenen Regeln nach der folgenden Liste auf. Sie sind vergleichbar mit den Regeln, die Sie in der dritten Woche befolgten.

Regel Nr. 1. Kein Fernsehen während der Mahlzeiten, nach der Schule oder vor den Hausaufgaben.

Regel Nr. 2. Keine Fernsehgeräte in den Schlafzimmern. Wenn möglich, lassen Sie nur ein Gerät in Betrieb und stellen Sie es in den ungemütlichsten Raum des Hauses. Es gibt Untersuchungen, die zeigen, daß der Fernseher weniger anziehend wirkt, wenn er nicht in einem vielbenutzten Raum steht.

Regel Nr. 3. Kein Fernsehen an verschiedenen festgelegten Abenden der Woche. Noch besser ist es, wenn Sie gar kein regelmäßiges Fernsehen während der Woche gestatten.

Regel Nr. 4. Für jede halbe Stunde vor dem Fernseher muß eine Stunde dem Sport, der Lektüre oder dem Spielen gewidmet werden.

Regel Nr. 5. Benutzen Sie den Plattenspieler oder das Radio, wenn Sie Hintergrundgeräusch brauchen.

Regel Nr. 6. Schalten Sie den Fernseher nicht blindlings an. Sehen Sie sich nur die Sendungen an, die für die jeweilige Woche ausgewählt wurden.

Regel Nr. 7. Kaufen oder lesen Sie keine Fernsehzeitschriften.

Diese Regeln wurden mit dem Ziel aufgestellt, die Einschaltquoten in den meisten Haushalten um 85 Prozent zu reduzieren. Mit etwas Planung – das heißt, einer systematischen Besprechung dieser Regeln mit der ganzen Familie – werden Sie Ihren Fernsehkonsum bald wirkungsvoll unter Kontrolle haben.

Während der ersten vier bis sechs Wochen nach Abschluß des vierwöchigen Programms sollte sich Ihre Familie am Sonntagabend zusammensetzen, um das Fernsehprogramm in der Zeitung durchzusehen und die Sendungen für die Woche auszuwählen. Dazu können Sie die Programmtabelle von Seite 64ff. benutzen, um gemeinsame Wünsche der Familie und der einzelnen Mitglieder zu notieren. Natürlich ist niemand dazu verpflichtet, jede Sendung anzusehen, für die er gestimmt hat. Zählen Sie am Ende der Woche die Stunden zusammen, die jeder einzelne vor dem Fernseher verbracht hat. Wenn Sie dies ein paar Wochen lang getan haben, wird es wahrscheinlich nicht mehr nötig sein, die Tabellen auszufüllen. Es wird sogar so weit kommen, daß Sie sich eine Notiz machen müssen, um eine besondere Sendung nicht zu versäumen.

Vorschulkinder

Für Vorschulkinder sollten die Eltern das Fernsehprogramm planen, und zwar sollten sie das Fernsehen auf eine Stunde pro Tag beschränken. Bedenken Sie dabei, daß Fernsehsendungen genau wie Bücher für bestimmte Altersgruppen konzipiert werden. Es gibt eine äußerst begrenzte Auswahl sogenannter Kindersendungen, z. B. »Sesamstraße« oder »Der rosarote Panther«. Treffen Sie eine sorgfältige Auswahl und wechseln Sie gelegentlich das Programm, es sei denn, Ihr Kind hat eine bestimmte Vorliebe. Versuchen Sie, das Fernsehen auf Zeiten zu verlegen, zu denen die älteren Kinder nicht da sind, so daß es keinen Konflikt mit Geschwistern gibt, die während des Tages nicht fernsehen dürfen, oder Sie sehen sich gemeinsam eine auch für Vorschulkinder geeignete Familienserie an. Kinder unter drei Jahren sollten am besten gar nicht regelmäßig fernsehen.

Wenn möglich, sollten Sie ein Kind unter sechs oder sieben Jahren nicht allein fernsehen lassen. Sie sollten auf jeden Fall immer dabei sein, wenn ein Kind eine Sendung zum ersten Mal sieht, da es vielleicht notwendig ist, einiges zu erklären.
Wenn sich Ihre Kinder früher bestimmte Fernsehsendungen regelmäßig angesehen haben, dann seien Sie jetzt zu diesen Tageszeiten besonders auf der Hut und planen Sie alternative Beschäftigungen, damit sie nicht das Gefühl haben, etwas zu versäumen.

Babysitter

Vergessen Sie nicht, die Babysitter über Ihre fernsehfreie Lebensweise zu unterrichten, damit die Regeln nicht verletzt werden, sobald Sie das Haus verlassen. Geben Sie Ihrem Babysitter einen Beschäftigungsplan mit genau festgelegten Zeiten, das heißt, ein regelrechtes Programm, das es zu befolgen gilt. Haben Sie zum Beispiel vereinbart, daß der Babysitter um 18.00 Uhr kommt, und die Kinder haben schon zu Abend gegessen, so bleibt noch Zeit für ein Spiel von 18.00 bis 18.30, für Geschichtenerzählen von 18.30 bis 19.00, für ein Bad und die Vorbereitungen zum Schlafengehen von 19.00 bis 19.30 und ein Betthupferl um 20.00 Uhr.
Viele kleine Kinder sehen es ungern, wenn ihre Eltern abends ausgehen, aber die Enttäuschung wird dadurch gemildert, daß ein Babysitter da ist, der daraus einen besonderen Anlaß macht.
Kommt die Kinderaufsicht während des Tages, dann lassen Sie eine Liste mit Spielen da, die Sie aus den »Beschäftigungen im fernsehlosen Haushalt« (siehe S. 94ff.) ausgewählt haben.
Und schließlich sollten Sie, wenn Sie sich auf einen tragbaren Fernseher beschränkt haben, dieses Gerät im Schrank verwahren, wenn Sie einen Babysitter erwarten. Aus den Augen, aus dem Sinn. Sie können der Aufsicht sagen, wo er sich befindet, falls sie fernsehen möchte, wenn die Kinder schlafen.

Berufstätige Eltern

Berufstätige Eltern, besonders berufstätige Mütter, sind oft auf das Fernsehen als Babysitter angewiesen; und doch können Ihre Kinder, ganz egal, ob sie alt genug sind, allein in einem leeren Haus zu bleiben, oder ob sie von einer Aufsichtsperson oder Haushaltshilfe versorgt werden, sich mit Sicherheit mit etwas anderem beschäftigen als fernzusehen.
Berufstätige Eltern, die Hauspersonal beschäftigen, vereinbaren oft als Teil der Anstellungsbedingungen, daß die Kinder nicht fernsehen dürfen und daß das Gerät nicht laufen sollte, wenn die Kinder im Haus sind. »Es gibt so viele Dinge zu tun«, sagt eine Lektorin eines führenden Verlagshauses. »Meine Kinder spielen Karten, lesen, bauen mit Klötzchen und spielen mit Puppen. Sie lieben es, außerhalb des starren Rahmens der Schule zu spielen.«
Wenn berufstätige Eltern gemeinsam mit den Kindern das Programm »In vier Wochen fernsehfrei« absolviert haben, dann wird das Fernsehen kein großes Problem mehr sein. Tragen Sie den Kindern Arbeiten im Haushalt auf und führen Sie feste Regeln für die Zeit nach der Schule ein. Arbeiten Sie mit Ihren Kindern einen Plan aus, wo und was sie spielen können.

Andere Hilfsprogramme

In den USA hat die Arbeitsgruppe »Action for Children's Television«, die sich dafür einsetzt, das Kinderfernsehen zu verbessern und Kinder zu anderen Aktivitäten zu ermutigen, ein recht pfiffiges Spiel mit dem Namen »Switch« (Schalt um) erfunden.[2]
Bringen Sie Ihre Kinder dazu, sich nach diesen Empfehlungen zu richten:
Schalten Sie um vom Kaufen von Spielzeug zum eigenen Herstellen. In den USA kann man im Kinderprogramm in einer einzigen Stunde zehn Werbespots für Spielzeug sehen. Diese Spielwaren sind oft teuer – 40 bis 60 DM, also mehr, als sich die meisten Familien leisten können. Es macht aber viel mehr Spaß, statt dessen selbst eine Puppe oder etwas anderes zu basteln. Dazu genügen häufig ganz einfache Materialien wie z. B. Garnspulen, Pappkartons, mit denen man eine Stadt bauen kann.
Schalten Sie auf einen Apfel, eine Orange oder eine Karotte um.

Neunundachtzig Prozent der amerikanischen Kinder leiden an schlechten Zähnen. Das Nahrungsmittel, das am häufigsten Karies verursacht, ist Zucker. Mit wenigen Ausnahmen wirbt das Kinderfernsehen nur für solche Nahrungsmittel wie Bonbons, Kekse, gezuckertes Frühstücksmüsli und Limonaden. Kaufen Sie solche Produkte nicht mehr und erfinden Sie statt dessen eigene Zwischenmahlzeiten wie etwa Käsenudeln, Nüsse, Orangenschnitze und Apfeltaschen.

Schalten Sie den Fernseher aus und gehen Sie spazieren, lesen Sie ein Buch, besuchen Sie den Zoo oder ein Museum. Bis zu dem Zeitpunkt, an dem ein amerikanisches Kind normalerweise von der High School abgeht, hat es 15000 Stunden vor dem Fernseher und 11000 Stunden im Klassenzimmer verbracht. Schlafen ist die einzige Beschäftigung, die mehr Zeit in Anspruch nimmt als Fernsehen. Wenn Ihre Kinder weniger fernsehen, werden sie mehr Zeit dazu haben, ihre Interessen zu entdecken und zu entfalten und mit ihren Freunden zu spielen.

Was Sie beim Fernsehen vermeiden sollten

Wenn der Fernseher an ist, sollten Eltern darauf achten, welche Sendungen im Beisein kleiner Kinder zu vermeiden sind. Wenn Sie diese einfachen Anleitungen befolgen, werden Sie verhindern, daß viele der schädlichen Aspekte des Fernsehens Ihre Kinder beeinflussen.

Vermeiden Sie es, einfach nur zuzuschauen. Den Fernseher einzuschalten und einfach davor sitzenzubleiben, ist eine Art von Flucht

Vermeiden Sie angsteinflößende Sendungen.

Vermeiden Sie Sendungen mit Gewaltdarstellungen.

Vermeiden Sie Nachrichtensendungen, wenn kleine Kinder im Raum sind. Wenn Ihre älteren Kinder die Nachrichten sehen, vergewissern Sie sich, daß ein Erwachsener dabei ist. Eine Mutter berichtete mir einmal, daß die Nachrichten eines Abends aus Versehen eingeschaltet wurden, als ihre Kinder anwesend waren. In den ersten sieben Minuten sah die Familie Berge von Leichen in El Salvador, ein Busunglück, bei dem neun Kinder ums Leben kamen und die Folgen einer Flutkatastrophe.

Besondere Ereignisse

Nun hat sich also in Ihrem Haus das Fernsehbewußtsein vollständig entwickelt, und Sie befolgen ein Programm zur Enthaltsamkeit, und plötzlich werden Sie mit einem dieser Jahrhundertereignisse konfrontiert, die das Fernsehen Ihnen direkt ins Wohnzimmer liefert. Ich spreche hier von Ereignissen wie den Olympischen Spielen, Präsidentschaftswahlen, den Fußball- oder Tennismeisterschaften und anderen wichtigen Sportereignissen sowie besonders sehenswerte Dokumentarfilme und Serien. Zweifellos kommen die Vorzüge des Fernsehens am besten zur Geltung, wenn es live überträgt; die Live-Berichterstattung über besondere Ereignisse ist einer der echten Vorteile des Fernsehens. Deshalb ist es sicher ratsam, bei besonderen Anlässen und größeren Nachrichtenereignissen, wie zum Beispiel einem Amtsantritt, Wahlen auf den verschiedenen politischen Ebenen oder bei besonderen kulturellen Ereignissen eine Ausnahme zu machen. Bedenken Sie jedoch, daß zu langes Fernsehen den Zeitplan der ganzen Familie durcheinanderbringen kann, und versuchen Sie, die Mahlzeiten und die Alltagsroutine der Familie nicht darunter leiden zu lassen.

So aufregend die Olympiade oder eine Bundestagswahl auch sein mag, es ist sicher nicht angebracht, solche Ereignisse in ihrer Gesamtheit anzusehen – insbesondere, wenn sie sich im gleichen Jahr ereignen.

Hier sind ein paar Vorschläge, damit Sie bei besonderen Ereignissen mithalten können, ohne dauernd vor dem Fernseher zu sitzen und wieder von ihm abhängig zu werden.

Die Olympiade

Sehen Sie sich die Eröffnungs- und Abschlußfeiern an, wenn Sie sich dafür interessieren, und die Zusammenfassung der Tagesereignisse. Suchen Sie außerdem spezielle Veranstaltungen, die Sie sehen wollen, so aus, als würden Sie Eintrittskarten dafür kaufen. Wählen Sie zum Beispiel Sportarten wie Leichtathletik, die Ihre Kinder draußen selbst ausprobieren können, oder schauen Sie sich etwas an, unter dem Sie sich alle bisher nichts Rechtes vorstellen konnten. Versuchen Sie, sogenannte Hintergrundsendungen zu vermeiden, die darauf abzielen, Sie über das gesamte Spektrum der olympischen Berichterstattung hinweg vor dem Fernseher zu fesseln, selbst wenn sich nichts Berichtenswertes ereignet. Da es nicht immer möglich ist, zwischen den Hauptereignissen aufzuspringen und das Gerät auszuschalten, halten Sie sich etwas zum Lesen oder eine Arbeit bereit. Diese Methode wird auch bei anderen Ereignissen funktionieren, über die an mehreren Tagen berichtet wird.

Die Fußball-Weltmeisterschaft

Die Versuchung, sich die Fußball-Weltmeisterschaft im Fernsehen anzusehen, ist groß. Aber eigentlich war die Radioberichterstattung schon immer viel anschaulicher und enthusiastischer. Hören Sie den Großteil der Spiele im Radio an und nehmen Sie sich vor, nur das letzte oder die letzten zwei Spiele anzusehen. Versuchen Sie, diese und andere Sportberichte in Ihrem wöchentlichen Zehn-Stunden-Pensum unterzubringen.

Bundestagswahlen

Sparen Sie sich Ihre Energie und Fernsehzeit für die Abende auf, an denen es echte Debatten über die Parteiprogramme und Vorstellungen der Kandidaten gibt. Und sehen Sie sich auf jeden Fall die Rededuelle zwischen den Kandidaten an.
Kinder können viel lernen, wenn sie sich die Wahlberichterstattung ansehen, aber übertreiben Sie es nicht. Vermeiden Sie auf jeden Fall mit leerem Geschwätz gefüllte »Hintergrundberichte«.

Dokumentarfilmserien

Es ist eine ziemliche Zeitvergeudung, einem Programm zu folgen, das an fünf aufeinanderfolgenden Abenden läuft. Falls eine dieser Serien jedoch einem Familienmitglied lohnend erscheint, sehen Sie sich die erste Folge an, dann die Zusammenfassung am dritten Abend, und schalten Sie bei der letzten Folge schließlich wieder ein. Ich persönlich finde ein gutes Buch über das Thema in der Regel genau so informativ wie die Fernsehfassung. Eine lange Serie oder ein besonderer Dokumentarfilm oder Bericht kann leicht als Teil Ihres regelmäßigen Pensums in den Wochenplan eingefügt werden. Falls die Serie oder eine besondere Sendung an einem Ihrer fernsehfreien Abende ausgestrahlt wird, dann stellen Sie Ihre Pläne für die betreffende Woche um.

Besondere Nachrichtensendungen

Eine Pressekonferenz oder ein wichtiger Bericht aus dem Bundestag ist lehrreich für ältere Kinder und kann leicht in den Wochenplan aufgenommen werden. Das gleiche gilt für wichtige Tagesereignisse, Schauspiel- und Opernübertragungen. Fügen Sie diese Ereignisse in Ihr Wochenprogramm ein, wenn Sie im voraus davon wissen. Falls sie unerwartet gesendet werden, Ihnen jedoch bedeutsam erscheinen, stellen Sie Ihren Fernsehplan für diese Woche um, sehen Sie sich die Ereignisse gemeinsam an und diskutieren Sie im Anschluß darüber.

Feiertage

Eine meiner Freundinnen reiste letztes Jahr mit ihrem Mann am Thanksgiving Day von New York nach Indiana, um ihre Eltern zu besuchen. Die Reise war teuer, und sie mußten ein paar Tage Urlaub nehmen. Deshalb waren sie nicht nur enttäuscht, sondern richtig verärgert darüber, daß während ihres gesamten Besuchs der Fernseher lief. »Selbst wenn Freunde vorbeikamen, um uns zu sehen, blieb das Gerät an«, erinnerte sich meine Freundin. »Das Fernsehen schien meinen Eltern wichtiger zu sein als ich.«
In vielen Haushalten ist aus der Weihnachtstradition eine Fernsehtradition geworden, die Weihnachtslieder und Familientreffen verdrängt hat. Als man Schulkindern in Vororten von New York ankündigte, daß sie im Dezember an einer fernsehfreien Woche teilnehmen würden, protestierten sie, weil sie das Weihnachtsprogramm nicht versäumen wollten. Im Jahre 1981 gab es auf den drei wichtigsten amerikanischen

Kanälen innerhalb von 24 Tagen 54 sogenannte Weihnachtssondersendungen.
Hier sind ein paar Vorschläge, um das Fernsehen während der Feiertage unter Kontrolle zu halten.

Weihnachten

Wählen Sie nur die allerbesten Feiertagssendungen aus und sehen Sie nicht mehr als eine pro Woche. Ersetzen Sie das Fernsehen durch gemeinsame Beschäftigungen: z. B. Basteln für die Feiertage, Backen oder Vorlesen klassischer Weihnachtsgeschichten (vielleicht eine lange über mehrere Abende verteilt). Laden Sie andere Familien dazu ein, oder lassen Sie sie zum Brunch, zum Mittagessen oder zu einer Bowleparty kommen.

Neujahrstag

Es gibt eine schottische Tradition, nach der sich an Silvester und am Neujahrstag Freunde und Verwandte gegenseitig besuchen. Beginnen Sie das neue Jahr ohne Fernsehen mit einigen Besuchen, oder veranstalten Sie eine große Silvesterfeier.

Videospiele und Computer

Wie verhält es sich mit Videospielen und Computern, wenn Sie Ihren Fernsehkonsum reduzieren? »Der Trend in Richtung Elektronikspiele und motorisierte, computergesteuerte, roboterähnliche Spielzeuge deutet auf die Gefahr hin, daß unsere Kinder und wir selbst immer mehr die Fähigkeit verlieren, eigene Vorstellungen zu entwickeln und auszudrücken«, behaupten Jerome und Dorothy Singer vom Yale Fernsehforschungszentrum.[3] Ein Blick auf den derzeitigen Boom bei elektronischen Geräten macht diese Behauptung glaubwürdig.

Es liegt zumindest für mich auf der Hand, daß Videospiele nie einen so phänomenalen Erfolg gehabt hätten, wenn sie nicht genau auf die Fernsehkinder zugeschnitten wären. Kinder werden von den Videogeräten angezogen, schon allein, weil sie vertraut wirken. Videospiele sind einfach ein Ableger des Fernsehens, und Kinder fühlen sich im Umgang mit ihnen wohl, weil sie es auch hier wieder mit Bildschirmen zu tun haben.

Einige alleinerziehende Eltern aus meinem Bekanntenkreis sind heilfroh, daß ihre Kinder nun etwas haben, mit dem sie spielen können, wenn sie nach der Schule allein zu Hause sind. »Diese Geräte sind viel phantasievoller als das Fernsehen«, sagt ein begeisterter Vater. Aber ein Videospiel führt, ebenso wie das Fernsehen, zur Isolation. Der Besuch irgendeines Spielsalons bestätigt dies. Das Licht ist gedämpft, keiner lächelt, die Spieler stehen mit dem Rücken zueinander, ihre Hände hämmern mit frenetischem Eifer auf Knöpfe und Tasten ein. Es ist höchst auffällig, daß Videospieler denselben stumpfen Blick haben wie TV-Dauerseher.

Wenn man nach dem Sinn dieser Videospielgeräte fragt, hört man von vielen Spielsalonangestellten, daß diese Apparate ein Ersatz gegen Einsamkeit seien. »Für einige der Jungen, die hierherkommen, ist der Salon ihr Zuhause«, bemerkt ein Geschäftsführer. Bei genauerem Hinsehen stellt man fest, daß bei den meisten Spielen auf irgendwelche Dinge geschossen wird. Die Apparate verherrlichen Gewalt; es sind im Grunde elektronische Kriegsspiele.

Jungen, die ich in einem Spielsalon darauf ansprach, sagten, sie fühlten sich stark und mächtig, wenn sie an den Apparaten spielten. Ein Junge gab zu: »Wenn ich über etwas, was in der Schule vorfiel, deprimiert und wütend bin, kann ich hierherkommen und drauflosschießen, statt meinen Geschichtslehrer in die Luft zu sprengen.«

Einige Psychiater haben angefangen, spielautomatenfixierte Jugendliche zu behandeln, und sie berichten, daß es sich bei den meisten Patienten um gestörte Kinder handelt, die vor der Realität und menschlichen Kontakten fliehen. Spielsalonmanager berichten, daß es in ihren Etablissements Stammkunden gibt, Jungen, die täglich in der Hoffnung wiederkommen, ihre

Punktzahl zu erhöhen. Manche Jungen sind so süchtig, daß sie mehr als 20 Dollar täglich ausgeben.
»Das Unglaubliche daran ist, daß der Spieler eine Münze nach der anderen einwirft, ohne daß es eine materielle Belohnung dafür gibt«, sagte mir ein Spielsalonmanager. »Beim Glücksspiel wird wenigstens ab und zu ein Gewinn ausbezahlt. Hier gibt es lediglich Anerkennung. Die Jungen müssen ein furchtbares Bedürfnis nach Anerkennung haben, um ihr ganzes Geld für eine Erhöhung der Punktzahl auszugeben.«
Kinder, die nicht viel mit sich selbst anzufangen wissen, sind dem Videospiel am stärksten verfallen. Sie betreiben keinen Sport, nehmen in der Schule an keinen Aktivitäten außerhalb des Lehrplans teil. Sie leiten ihre Selbstachtung förmlich vom Videospiel ab. Es ist möglich, daß sich diese Apparate eventuell bei Kindern mit Lernschwierigkeiten positiv auswirken. Robert Jackson, Computerfachmann und Lehrer an der Meade Schule in Westchester, New York, meint: »Kinder mit kurzer Aufmerksamkeitsspanne, denen man mit den meisten normalen Schulmethoden nichts beibringen kann, sind durch das Spielen mit Videoapparaten und einfachen Computern durchaus zu fesseln.«[4]
Videospiele sind mit Sicherheit Auswüchse der Tele-Mentalität. Sie haben noch immer den Reiz der Neuheit, und es macht sicherlich Spaß, bei einem gelegentlichen Ausflug in einen Spielsalon damit zu spielen, aber eine tägliche Dosis dieser Spiele ist ebenso wie ständiges Fernsehen für das intellektuelle Wachstum schädlich.
Wenn Ihre Familie das Fernsehen reduziert, versuchen Sie auch, die Videospiele einzuschränken. Es ist in Ordnung, wenn Ihre Kinder damit spielen, aber erst, nachdem sie ein Buch gelesen, sich körperlich betätigt oder sich mit Freunden oder Familienmitgliedern unterhalten haben.

Computer

Viele Eltern bestehen darauf, daß in den unteren Schulstufen Computer-Kurse angeboten werden, und viele wohlhabende Haushalte sind bereits mit Personal-Computern ausgerüstet. In Westchester County, einem Vorort von New York City, gibt es mehrere öffentliche Schulen, in denen bereits Kindergartenschüler mit dem Logo Computer vertraut gemacht werden. Bei diesem Trend zur frühen Verschulung macht man sich wenig Gedanken darüber, was diese Apparate den Kindern sowohl geistig als auch körperlich bieten bzw. antun können und wie sie sich auf den Lernprozeß selbst auswirken. Es dauerte dreißig Jahre, bis man die Einflüsse des Fernsehens auf die Kinder zu erkennen begann, und es mag ebenso lange dauern, bis man die Auswirkungen von Computern abschätzt.

Marie Winn hat die menschlichen Fähigkeiten aufgezählt, deren Herausbildung erheblich beeinträchtigt wird, wenn Kinder zu viel und zu früh fernsehen. Es dürfte daher naheliegen, daß durch Computer, wenn man sie den Kindern zu früh in die Hand gibt, ebenfalls bestimmte wichtige Entwicklungsschritte behindert werden können. Marie Winn führt unter anderem folgende Punkte auf:

1. Kinder müssen die Fähigkeit zur Selbststeuerung entwickeln, um sich von Abhängigkeiten zu befreien. Das Fernseherlebnis verführt zum Leben in einer Traumwelt.
2. Kinder müssen grundlegende kommunikative Fähigkeiten entwickeln – Lesen, Schreiben und sprachlichen Ausdruck –, um zu mündigen Bürgern zu werden. Das Fernsehen fördert die sprachliche Entwicklung nicht.
3. Kinder müssen ihre Stärken und Schwächen entdecken, um als Erwachsene Erfüllung zu finden. Fernsehen führt nicht zur Entdeckung des eigenen Selbst.
4. Die Sehnsucht der Kinder, sich eine eigene Phantasiewelt zu schaffen, wird durch die Aktivierung ihrer eigenen Einbildungskraft viel besser befriedigt als durch die Phantasieprodukte Erwachsener, die das Fernsehen bietet.[5]

In jeder dieser Behauptungen könnte man das Wort »Fernsehen« durch »Computer« ersetzen. In den Entwicklungsjahren, so scheint es, erzeugt der Computer die Neigung, sich auf Maschinen statt auf sich selbst zu verlassen. Wie die meisten elektronischen Geräte mögen Computer zum richtigen Zeitpunkt die Lernerfahrung des Kindes verbessern. Aber die Schlüsselwörter sind »verbessern« und »zum richtigen Zeitpunkt«.

Erzieher, die sich streng an das Werk des Psychologen Jean Piaget halten, gehen davon aus, daß im geistigen und körperlichen Wachstum des Kindes keine Phase übersprungen werden darf. Man kann die Jahreszeiten nicht beschleunigen, sagen sie, und wenn man kleine Kinder zu früh vor Maschinen setzt – Fernseher, elektronische Spiele, Computer –, führt dies langfristig gesehen zu einer Beeinträchtigung ihrer Entwicklung. Thomas K. Roney, Informatiklehrer an einer Schule in Kent/Connecticut, warnt davor, elektronische Geräte frühzeitig im Lernprozeß einzusetzen. Das beginnt schon beim verfrühten Einsatz von Taschenrechnern, wenn er »zu einer falsch konzipierten Reduzierung von Rechenübungen in den unteren Klassen führen sollte«.[6]

Peggy Cole, Direktorin einer Schule in Riverdale/New York, die sich ausgesprochen kritisch gegenüber dem Fernsehen als Medium für kleine Kinder geäußert hat, stellt auch die Eignung des Computers für den Unterricht in Frage. »Der Trend im Bildungswesen, Computer in der Schule einzuführen, geht nicht von der Pädagogik aus, sondern von der Industrie. Es gibt einen verführerischen Technologieappeal, gewaltigen Druck seitens der Eltern und wirtschaftliche Motive. Was jedoch fehlt, sind triftige pädagogische Gründe, überhaupt Computer einzuführen. Zumindest sollte man sich vorher erst einmal bestimmte Fragen beantworten. Was wird zum Beispiel im Lehrplan gestrichen, wenn wir etwas Neues einführen? Normalerweise machen wir die Kinder in den ersten beiden Klassen mit der konkreten Welt vertraut, ehe wir zu Abstraktionen übergehen. Was wird geschehen, wenn wir sie zuerst mit der Symbolwelt konfrontieren? Wie steht es mit Computergraphiken? Sind sie für Kinder nicht ebenso verwirrend wie Karikaturen?«[7]

Bei einer Podiumsdiskussion über Kindererziehung im elektronischen Zeitalter schlug ein Redner kürzlich vor, wie ein Computer im Klassenzimmer eingesetzt werden könnte. »Kinder könnten Pionierfahrten im Planwagen über das ganze Land simulieren und dabei alle Beschwernisse einprogrammieren, die ihnen unterwegs begegnen könnten.« Die übrigen Diskussionsteilnehmer empfahlen dagegen anschaulichere Erfahrungen, womit das gleiche erreicht werden könne. Ein Teilnehmer erwähnte, daß ein Vater während der Jagdsaison ein Reh in die Schule brachte, das die Kinder häuteten, ausweideten und trockneten und sich somit diese Erfahrung als Teil einer Lektion über die Pionierzeit aneigneten, die sie damals gerade durchnahmen. Mit anderen Worten, warum soll man eine Erfahrung im Computer simulieren, wenn Kinder aus persönlichem Erleben lernen können? »In der Vergangenheit hat sich gezeigt, daß elektronische Lehrmittel, die im Unterricht verwendet werden, nur einen geringfügigen Einfluß ausüben«, berichten William Sharkan und John Goodman. »Keine Unterrichtstechnologie kann einen Lehrer ersetzen, der ja eine reale Person ist – ein Mensch, der ein angemessenes und positives Selbstkonzept entwickelt hat, über ein Wertsystem verfügt, der Kinder wirklich mag und das Bedürfnis hat, gut zu unterrichten.«[8]

Fernsehen und Computer sind nun einmal nicht mehr aus der Welt zu schaffen, aber sie dürfen weder in der Schule noch zu Hause in das Leben eines Kindes eingeführt werden, bevor das Kind die Zeit dazu hatte, die Grundelemente der Erziehung, des Familienlebens, des Gemeinschaftslebens und seiner eigenen Interessen zu erfassen.

Aktivitäten im Haushalt ohne Fernsehen

Ihre Kinder werden das Fernsehen nicht vermissen, wenn sie etwas zu tun haben, das sie ebenso fesselt. Schließlich sind Generationen von Kindern ohne Fernsehen aufgewachsen. Hier sind einige nach Altersstufen gegliederte Beschäftigungen, durch die Sie das Fernsehen ersetzen können. Bauen Sie auf den gegenwärtigen Interessen Ihrer Kinder auf, damit sich diese Aktivitäten für Ihre Familie eignen.

Kinder im Vorschulalter

Hier sind einige Spielvorschläge für Kinder bis zu sechs Jahren, wenn auch manchmal ein wenig laut! (Sterne markieren Tätigkeiten, die im folgenden genauer erklärt werden.)

Puppen. Sammeln Sie eine Tüte voll bunter und glänzender Stoffe, Stoffreste, Bänder und Borten sowie alte Schals, aus denen Ihre Kinder Puppenkleider machen können. Umhänge und Röcke können ohne Nähen hergestellt werden.

Rhythmusinstrumente. Vorschulkinder lieben Becken, Triangeln, Trommeln und Tamburine. Mundharmonikas machen ebenfalls Spaß. Versuchen Sie es mit folgenden selbstgebastelten Instrumenten:

Puppen *
Eltern-und-Kind-Spiele
einfache Puzzles
Rhythmusinstrumente *
Ausmalen, Malen, Zeichnen
einfache Handarbeiten
Blätterhaufen *
Versteckspielen
»Simon sagt«
Spiele im Schnee
Wanderung im Haus *
Kostümieren *
Wasser- und Badewannenspiele *
Teigspiel *
Schallplatten
Ballspiele
Bohnenbeutel
Schachtelkegeln *
Kartonhäuser *
Punchingball *
Straßen aus Klebeband *
Purzelmatte
Kartenspiele *

(Einige der genannten Spiele sind in Terry Orlick, Kooperative Spiele, Beltz, Weinheim und Basel; 1982, näher erklärt; Anm. d. Übers.)

- Füllen Sie Limonadeflaschen verschieden voll mit Wasser an. Schlagen Sie die verschiedenen Töne mit einem Löffel an oder blasen Sie sie auf den Öffnungen der Flaschen.
- Nehmen Sie einen Schuhkarton, bespannen sie ihn mit Gummibändern und basteln Sie auf diese Weise eine Harfe.
- Füllen Sie eine leere Plastikflasche mit einer Vierteltasse Reis. Verschließen und schütteln Sie die Flasche.
- Verwenden Sie einen leeren Haferflockenkarton als Trommel.

Blätterhaufen. Blätter zusammenrechen und aufhäufen macht allen Spaß. Wenn Ihre Kinder eigene Rechen haben, lassen Sie sie eine Laubfestung oder einen Laubpfad anlegen. Es wird Ihren Kindern ein wahres Vergnügen sein, die Blätter auf einen hohen Haufen zusammenzurechen und mit dem Dreirad hindurchzufahren. Es macht Kindern auch Spaß, in Blätterhaufen zu springen und sich darin zu vergraben.

Wanderung im Haus. Dies macht Spaß, wenn andere Kinder zu Besuch sind. Lassen Sie jedes Kind einen Picknickimbiß einpacken. Die Kinder begeben sich auf eine Wanderung durch das Haus und tun so, als seien die Treppen ein Berg. »Durch den Wald« bedeutet, durch die Eßzimmerstühle krabbeln; »durch die Stadt« könnte heißen, das Wohnzimmer zu durchqueren. Schließlich kommen sie an dem Ort für das Picknick an. Sorgen Sie dafür, daß der Rastplatz aufgeräumt wird, bevor Sie nach Hause zurückkehren.

Kostümieren. Halten Sie einen Karton bereit, der mit alten Krawatten, abgelegten Kleidungsstücken, Hüten, Taschen, alten Faschingskostümen, Schals und anderen Accessoires angefüllt ist. Kinder können endlos spielen, wenn sie sich als eine ihrer Lieblingsfiguren verkleiden oder Kostüme erfinden.

Wasser- und Badewannenspiele. Bewahren Sie Wassersprühflaschen, Plastikflaschen mit Spritzöffnungen, Trichter, Meßlöffel, Schwämme, Plastikbecher, -autos und -boote für diese Beschäftigung auf. Vorschulkinder lieben Wasserspiele.

Spielteig. Dies ist ein Pflichtrezept für die Mütter aller Vorschulkinder. Mischen Sie einen Becher Mehl mit einem Becher Salz. Fügen Sie Lebensmittelfarbstoffe und genügend Wasser hinzu, um den Teig fest zu machen. Kneten Sie den Spielteig, bis er sich schön glatt anfühlt. Nehmen Sie dann Nudelholz und Backformen zu Hilfe oder machen Sie selbst Gegenstände. Bewahren Sie diese nach dem Backen in einem Plastikbehälter oder einer Plastiktüte auf.

Schachtelkegeln. Stellen Sie am Ende der Küche oder des Korridors Schachteln auf dem Boden auf und lassen Sie die Kinder einen Gummiball darauf zurollen, um zu sehen, wie viele Schachteln sie umwerfen können. Ein guter Sport für Regentage.

Kartonhäuser. Sichern Sie sich jeden großen Gerätekarton, den Sie auf der Straße stehen sehen, wenn eine Waschmaschine oder ein Wäschetrockner geliefert wurde. Sie eignen sich hervorragend zum Bauen von Häusern und Burgen, und Kinder lieben es, ihr eigenes Häuschen in der Wohnung zu haben. Verwenden Sie Plakatfarben für Fenster und Verzierungen.

Punchingball. Stopfen Sie Papier- oder Plastiktüten mit zerknülltem Zeitungspapier voll. Hängen Sie sie an der Decke auf und lassen Sie sie von den Kindern kaputtschlagen, bis ihnen die Lust an diesem Spiel vergeht.

Straßen aus Klebeband. Erlauben Sie den Kindern, eine Straße durch das ganze Haus zu planen und sie mit Klebeband zu markieren. Die Kinder können mit Spielautos auf ihren Straßen fahren.

Kartenspiele. Sogar ein kleines Kind kann Solitaire spielen, indem es alle roten Karten oder alle Karten mit derselben Zahl zusammenlegt. Kindergartenschüler können die Karten in einer As-Zehner-Reihenfolge anordnen. Unterschätzen Sie den Unterhaltungswert eines Kartenspiels nicht.

Überlebenstechniken für schlechte Tage

Es gibt natürlich immer mal wieder Tage, an denen sich die Kinder langweilen, besonders bei schlechtem Wetter, oder sie sind krank, oder die Eltern sind beschäftigt und haben nicht viel Zeit für ihre Kinder. Früher war das Fernsehen die naheliegende Lösung. Hier sind einige Vorschläge für Überraschungen, die Ihnen über solche Tage hinweghelfen können.

Der Trostsack. Füllen Sie einen großen Sack mit Tüten, die Dinge enthalten wie vergessene Spielsachen, alte, mit Kram vollgestopfte Handtaschen (Rabattmarken vom Supermarkt, Spielgeld, alte Schlüssel), Aufkleber und Klebeband, Spielkarten, Scheren, Kostümschmuck, ein Fernglas, Filzstifte, Bienenwachs, kleine Puppen, eine magische Schreibtafel, Papierpuppen, Murmeln und eine Mundharmonika. Lassen Sie Ihr trauriges, Aufmerksamkeit heischendes Kind einen oder zwei von den Umschlägen herausfischen und daraus einen schönen Spielnachmittag gestalten.

Die reservierte Küchenschublade. Stopfen Sie eine Küchenschublade voll mit Kram wie alten Küchengeräten und anderen Dingen. Die Auswahl der Gegenstände hängt natürlich vom Alter des Kindes ab, aber dies sollte sich für Kinder vom achtzehnten Monat bis zum Kindergartenalter bewähren. Füllen Sie sie mit kleinen Spielzeugen und lustigen Gegenständen, die in der Küche liegenbleiben – Anstecker, Autos, magische Bälle, Schnüre, Eisstiele –, damit sie genau dort sind, wo Sie sie brauchen, besonders an Tagen, an denen Sie in der Küche festsitzen.

Die Überraschungskiste. Bewahren Sie eine Kiste in einem Versteck auf und füllen Sie sie mit Spielzeug, das Sie im Sonderangebot kaufen, mit Mal- und Bastelbüchern, Malkreide, Modellen für Puppenhäuser, Jojos und anderen Dingen, die ein Kind aufmuntern und es beschäftigen. Die Überraschungskiste sollte nicht zu oft in Erscheinung treten, sonst wird sie zu einem Bestechungsmittel. Sparen Sie sie für den Notfall auf. Die Überraschungskiste kann auf jede Altersstufe abgestimmt sein.

Grundschulkinder

Sechs- bis Zehnjährige haben oft regelmäßige Beschäftigungen nach der Schule, und manche haben vielleicht Hausaufgaben oder Musikunterricht. Hier ist eine Liste zur Ergänzung des normalen Beschäftigungsrepertoires.

Lesen
Kegeln im Keller
Ballspiele
Wurfpfeile
Zeitungsschlacht *
Basteln für die Feiertage
Mahlzeiten zubereiten *
Holzarbeiten *
Werken *
Skateboardfahren
Rollschuhlaufen
Fangen
Haustierpflege
Briefeschreiben (Brieffreundschaften)
Radfahren
Kartenspiele
Solitaire / Patience
Brettspiele mit Geschwistern oder Freunden
Seilspringen
Himmel und Hölle
wöchentliche Bibliotheksbesuche
Suchspiel mit Taschenlampe
Sammlungen oder Hobbys
Drachensteigen

Zeitungsschlacht. Machen Sie Bälle aus zerknülltem Zeitungspapier. Schlagen Sie eine Schlacht vor, wenn die Kinder ein paar Tage lang nicht aus dem Haus gekommen sind und sich richtig austoben müssen.
Mahlzeiten zubereiten. In diesem Alter kann sich ein Kind um die Abendessenszeit sehr nützlich machen, indem es den Tisch deckt, Karotten schabt und den Salat zubereitet. Dies ist auch eine gute Gelegenheit, etwas Zeit mit dem Elternteil zu verbringen, der das Essen zubereitet.
Holzarbeiten. Hammer, Nägel, Holzklötzchen, Sandpapier, Schraubstöcke, Schrauben und Schraubenzieher werden jedes Kind eine Zeitlang zufriedenstellen. Schlagen Sie Ihrem Kind vor, Holzskulpturen oder Modellhäuser anzufertigen oder einfach Nägel einschlagen zu üben.
Werken. Hölzerne Wein- oder Apfelsinenkisten eignen sich bestens für Puppenhäuser und Festungen für Soldaten. Ebenso gut lassen sich Apfelsinenkisten zu hübschen Nachttischchen umbauen. Wenn Sie der Typ sind, der am liebsten alles selber macht, besuchen Sie einen Hobbymarkt in Ihrem Ort und be-

sorgen Sie sich dort das Material, mit dem Sie Tische oder Regale bauen können. Entwerfen, Sägen, Nageln, Abschleifen und Bemalen oder Anstreichen sind alles großartige Beschäftigungen für ein fleißiges Kind.
Suchspiel mit Taschenlampe. Ein guter Ersatz für eine Lieblingssendung im Abendprogramm ist das Taschenlampensuchspiel, wenn es draußen schon dunkel ist. Der Suchende hat eine Taschenlampe; auf wen das Licht trifft, der ist gefangen.

Zehn- bis Vierzehnjährige

In diesem Alter haben Kinder oft einen ausgefüllten Stundenplan, und es ist leicht, gemeinsam etwas zu unternehmen oder zu Hobbys anzuregen, die die Grundlage für ein dauerhaftes Interesse bilden könnten.

Lesen
Modellbauen
fortlaufende Spiele *
schwierige Puzzles
Tagebuchschreiben
Kinobesuche
Briefmarken oder Münzen sammeln
Kochen
Mannschaftssportarten
Jogging
Fitness-Training
Hausarbeiten
Jugendzentren und -Clubs
Taschengeld verdienen
Betätigung in Bürgerinitiativen

Fortlaufende Spiele. Nehmen Sie sich an ein paar Abenden pro Woche nach dem Essen Zeit für langdauernde Spiele wie etwa Monopoly. Falls notwendig, können Sie das gleiche Spiel eine Woche lang allabendlich fortsetzen. Sie werden am Dienstag so gut wie bankrott sein und am Donnerstag Ihre Verluste zurückgewonnen haben! Verschiedene Wort- und Kartenspiele, Schach und Dame können ebenfalls auf diese Weise gespielt werden. Zählen Sie die Punkte über die ganze Woche zusammen.
Schwierige Puzzles. Dies ist ein fast vergessenes Vergnügen. An einem langen Winterabend ist ein angefangenes Puzzle auf einem Spieltisch eine verlockende Beschäftigung. Lassen Sie das Puzzle so lange liegen, bis es fertig ist. Jeder kann nach Belieben vorbeikommen und Teile einfügen.

Taschengeld verdienen. In diesem Alter können Kinder anfangen, sich Taschengeld zu verdienen, indem sie in der Nachbarschaft Gelegenheitsarbeiten übernehmen – Hunde ausführen, Laub rechen, Kinder beaufsichtigen. Wenn Sie Ihren Kindern neben ihren regelmäßigen Pflichten ein paar zusätzliche Arbeiten im Haus auftragen wollen, könnten Sie ihnen vielleicht ein kleines Entgelt dafür entrichten.

Betätigung in der Freiwilligenarbeit. Jugendliche könnten in Bürgerinitiativen und Freiwilligendiensten in der Nachbarschaft aktiv werden, wie zum Beispiel in Krankenhäusern, Altenheimen oder von der Kirche oder Schule organisierten Gruppen.

Diese Vorschläge sind nur eine kleine Auswahl von Spielen und Beschäftigungen, die Ihren Kindern Spaß machen könnten. Sicherlich werden Sie noch viele weitere entdecken. Nachstehend ein paar Bücher, die Ihnen gute Ratschläge geben:

Deavoce, Jim: Kooperative Kinderspiele. DOKU-Verlag, Ettlingen 1979

Dirx, Ruth: Kind, ärgere dich nicht. Fischer Taschenbuch Verlag, Frankfurt 1984

Gööck, Roland: Das große Buch der Spiele. 1000 Spiele für drinnen und draußen. Mosaik-Verlag, München 1978

Das große Ravensburger Spielebuch. Spielvorschläge und Unterhaltung für drinnen und draußen. Verlag Otto Maier, Ravensburg 1978

Krummel, Jutta: 1111 Spiele bei Regen. Spiel und Spaß für groß und klein. Busse & Seewald, Herford 1976

Mayrhofer, Hans/Zacharias, Wolfgang: Spiel mit. Beliebte Kinderspiele für drinnen und draußen. Verlag Otto Maier, Ravensburg 1982

Schwalbacher Spielekartei. 315 Spiele in handlichem Karton. Hrsg. v. Kelber, Magda, Matthias-Grünewald Verlag, Mainz-Weisenau 1977

Sibler, Hans-Peter: Spiele ohne Sieger. Verlag Otto Maier, Ravensburg 1976

Steuer, Helmut/Voigt Claus: Das neue rororo Spielebuch. Rowohlt TB, Reinbek 1980

Das Umweltspielebuch. Brett-, Rollen-, Plan- und Naturerkundungsspiele. Spiele-Ketten. Hrsg.: Institut für Ökologische Forschung und Bildung. Ökotopia Verlag, Berlin 1985

Woesler, Dietmar M.: Spiele, Feste, Gruppenprogramme. Fischer Taschenbuch Verlag, Frankfurt 1978
Woesler, Dietmar M.: Spiele & Spielfeste. Fischer Taschenbuch Verlag, Frankfurt 1984

Die Buchhandlung und die Bibliothek in Ihrem Ort können noch weitere hilfreiche Vorschläge machen.

Zuschauerprobleme bei Erwachsenen

Eines der vielen Probleme, mit dem Familien konfrontiert sind, wenn sie das Fernsehen einzuschränken versuchen, ist die Tatsache, daß die Eltern, und nicht etwa die Kinder, die süchtigsten Fernseher sind. Sehr oft würden die Kinder das Gerät ohne weiteres ausschalten und sich statt dessen mit ihren Eltern abgeben, aber diese sind nicht leicht davon wegzukriegen. Das vierwöchige Programm sollte eine große Hilfe sein. Für Eltern mit besonderen Fernsehgewohnheiten – Sportsendungen, Nachrichten und Unterhaltungsserien – folgen hier ein paar spezielle Ratschläge.

Sportfans

Es war einmal ein achtjähriger Junge namens Henry. Er haßte Fußball, zumindest äußerte er das seiner Mutter gegenüber. Als seine Mutter an einem klaren Herbsttag aus dem Fenster blickte, spielte Henry mit seinem Vater Fußball. Nach dem Spiel bemerkte sie: »Ich dachte, du hättest gesagt, du haßt Fußball, Henry.« »Ach so«, antwortete der Junge spitzbübisch grinsend, »ich hasse es, zuzuschauen, aber ich spiele es gern.«
Viele Väter, die diese Geschichte hören, bemühen sich bewußt, etwas mehr mit ihren Kindern zu spielen, anstatt alle sportlichen Betätigungen den Profis zu überlassen, die im Fernsehen zu sehen sind.
Die Sportberichte im Fernsehen haben Ehen, Familienleben und Feiertage verändert. In den USA wird das Thanksgiving Essen so geplant, daß es mit keinem Football-Spiel kollidiert;

das Osteressen wird in der Regel vom Meisterschaftsturnier im Golf unterbrochen. Der Fernsehsport hat aus aktiven Vätern passive Zuschauer gemacht. Die Einführung von Kabelfernsehen mit Sportkanälen wird die Möglichkeiten, zuzusehen statt teilzunehmen, noch vergrößern.
Hier sind ein paar Ratschläge, um den Konsum von Sportsendungen einzuschränken:

1. Verhalten Sie sich beim Fernsehsport genau so wie bei einer Sportveranstaltung, für die Sie Eintrittskarten kaufen. Wenn Sie Karten für ein Fußball-, Tennis- oder Handball-Spiel kaufen, dann wollen Sie einem Ereignis beiwohnen. Wählen Sie eine wichtige Übertragung aus, statt den ganzen Tag Sportberichte anzusehen.
2. Spielen Sie für jedes Sportereignis, das Sie im Fernsehen anschauen, ein Match in einer Sportart Ihrer Wahl.
3. Um die dem Fernsehsport gewidmete und dem Familienleben entzogene Zeit wieder gutzumachen, spielen Sie mit Ihrer Familie Fangen, Fußball oder Frisbee oder sonst etwas.
4. Vergessen Sie nicht, daß Aktivität und nicht Passivität das Leben verlängert und die Herzkranzgefäße gesund hält. Herzspezialisten glauben, daß das passive Fernsehen teilweise für die starke Zunahme der Herzkrankheiten bei jungen Menschen verantwortlich ist.

Nachrichtenfans

Häufig sagen Menschen, die ihre Fernsehgewohnheit rechtfertigen wollen: »Ich sehe mir nur die Nachrichten an.« Ich frage dann: »Wie viele Nachrichten?«
Die Nachrichtensendungen im Fernsehen werden immer mehr zur populärsten Form der Unterhaltung in diesem Medium. In den USA kann der Zuschauer an Samstagen und Sonntagen in Großstadtgebieten 18 Stunden Nachrichten auf allen Kanälen sehen und während der Woche nicht weniger als 27 Stunden. Wenn man dazu noch Magazinsendungen rechnet, wird die Stundenzahl noch erheblich größer.
Aber wird man wirklich gründlich aufgeklärt, wenn man sich diese vielen Nachrichtensendungen ansieht? Don Bresnahan, Produzent von derartigen Sendungen, erklärt dazu:

Der großen Mehrheit nachrichtenhungriger Amerikaner... bieten die Fernsehnachrichten alle Informationen, die sie wünschen, bzw. alle Informationen, die sie zu benötigen glauben.

Es ist vielleicht die größte Sünde der Nachrichtensendungen, die Menschen so konditioniert zu haben, daß sie glauben, was wir ihnen zeigen und zu sagen haben, sei tatsächlich das wichtigste, was in der Welt geschehen ist. Dem ist nicht so, und jeder, der Nachrichtensendungen schreibt, aufnimmt, schneidet, produziert und moderiert, weiß dies.

Wir sind im Schlagzeilengeschäft. Wir sind in einem Geschäft, das die Spitze eines Eisberges ist. Wir geben zu unserer eigenen Verteidigung vor, ihnen nur den Mund wäßrig zu machen, und wir bestehen entschieden darauf, daß sie nach einer unserer lokalen oder überregionalen Nachrichtensendungen sofort aufspringen und einen gedruckten Bericht über die jeweilige Geschichte kaufen sollten. Unsere Schuld besteht darin, ihnen zu wenig zu bieten, weil wir fürchterliche Angst davor haben, sie hätten vielleicht schon längst genug.[9]

Wenn man sich all dies einmal klargemacht hat, fällt es einem wahrscheinlich leichter, die Nachrichtensucht zu überwinden, besonders Menschen, die während des Abendessens und in den Stunden danach Zeit für die Familie gewinnen wollen. Die Familie wird mit Sicherheit mehr von einer Diskussion über ein Ereignis profitieren als von einem Fernsehbericht. Versuchen Sie, folgende einfache Regeln zu beachten:

1. Wählen Sie pro Tag eine halbe Stunde Fernsehnachrichten aus dem Programm aus. Probieren Sie ein paar Sendungen durch, bis Sie die finden, die Ihnen am meisten zusagt, und sehen Sie sich nur diese an.
2. Wenn Sie glauben, Sie müßten eine Sendung mit überregionalen Nachrichten sehen, so tun Sie dies mit einem kleinen tragbaren Gerät fern von kleinen Kindern. Wenn Ihre Kinder in den oberen Grundschulklassen sind, sehen Sie sich die Nachrichten gemeinsam an und erklären Sie ihnen die Berichte, die verwirrend oder furchterregend erscheinen mögen.
3. Abonnieren Sie eine gute und ausführlich berichtende Zeitung und lesen Sie sie gründlich. Sie erhalten nicht nur ein facettenreicheres Bild des Sachverhalts, sondern manchmal auch verschiedene Meinungen zu einem Thema.

4. Damit Sie sich nicht von den Weltereignissen und Trends abgeschnitten fühlen, sehen Sie sich während der Entwöhnungsphase z. B. Weltspiegel an.
5. Wenn Sie glauben, mehr als eine Nachrichtensendung pro Tag sehen zu müssen, schalten Sie eine zweite an, wenn die Kinder im Bett sind.

Worauf Sie sich einstellen müssen, wenn Ihr Haushalt ohne Fernsehen ist

Stellen Sie sich auf einen höheren Geräuschpegel ein. An Wochenendvormittagen werden Sie wahrscheinlich Bälle aufschlagen, Wasser spritzen, Türen schlagen und Musik hören. Der Trost dabei ist, daß die neuen Geräusche freundlicher und angenehmer sind als der entnervende Krach der Zeichentrickfilme.
Stellen Sie sich auf einen unordentlicheren Haushalt ein. Spielende Kinder machen Unordnung, die sie natürlich lernen können aufzuräumen. Wenn sie im Haus sind, spielen sie gern in der Nähe ihrer Eltern, und das bedeutet ein Durcheinander in Küche und Wohnzimmer. Sie bringen gern Würmer, Raupen und sonstige Funde an die Küchentür, um sie stolz vorzuzeigen. Dabei wird Schmutz hereingetragen, aber es ist alles eine natürliche Folge guten, gesunden Spiels!
Erwarten Sie einen aktiveren Haushalt. Kinder, die nicht vor einen Bildschirm gesetzt werden, laufen ein und aus, springen, hüpfen und klettern, wobei sie natürlich fallen, sich die Knie blutigschlagen und weinen. Im allgemeinen sind sie aktiv, glücklich und am Ende des Tages sehr müde.
Seien Sie auf höhere Ansprüche gefaßt. Ihre Kinder werden in die Bibliothek oder Buchhandlung gehen wollen. Sie werden zu Freunden chauffiert werden und Freunde bei sich übernachten lassen wollen. Sie werden riesige Stein-, Tier-, Münz- und Briefmarkensammlungen anlegen – und all das bedeutet für Sie, daß Sie etwas Zeit, Geld und Geduld werden aufbringen müssen.
Stellen Sie sich darauf ein, Geld auszugeben. Sie werden auf einmal Sportausrüstungen und Handwerksgeräte kaufen und Geld für Bibliotheksgebühren, Kinokarten, Kegelbahnen und Eislaufstadien ausgeben müssen. Ältere Kinder können

allerdings anfangen, sich ihr Geld für die neuen Hobbys durch Gelegenheitsarbeiten selbst zu verdienen – sie können den Hund ausführen, die Katzensandkiste reinigen, Blätter rechen oder für Nachbarn arbeiten.

Stellen Sie sich auf die Rückkehr mancher Dinge ein, die Ihnen am liebsten sind. Dazu gehören zufriedene Kinder, Ehemänner, die nicht das ganze Wochenende vor der Röhre sitzen, ein altmodisches Familienleben und mehr Zeit für alles und jedes.

Stellen Sie sich auf dauerhafte Veränderungen bei Ihren Kindern ein. Im Gegensatz zu Lungenkrankheiten durch Rauchen oder Leberschäden durch Alkohol sind die durch übermäßiges Fernsehen verursachten Schäden heilbar. Viele Symptome der Fernsehsucht werden einfach verschwinden, sobald der Fernseher verschwindet.

Nehmen Sie als Beispiel das Verlangen nach Spielzeug und Lebensmitteln, für die im Fernsehen geworben wird. Mütter wenig fernsehender Familien sprechen stolz von einer gewissen Bescheidenheit bei Weihnachts- und Geburtstagseinkäufen. »Die Kinder stellen weniger Forderungen«, berichten sie. »Da versuche ich nun ausgerechnet im Spielwarenladen, mich kreativ zu verhalten. Ich gehe an den Regalen auf und ab und suche nach Überraschungen, nach Dingen, von denen meine Kinder nicht die geringste Ahnung haben, weil sie keine Fernsehwerbung mehr sehen.«

Wenn Kinder für ihre eigene Unterhaltung verantwortlich sind, werden sie auch ruhiger und geduldiger. Sie müssen nicht mehr alles, was sie wollen, auf der Stelle haben. Partys, kreatives Spiel und sportliche Fertigkeiten (für viele ehemalige Fernsehsüchtige sind dies neue Abenteuer) führen zu organisiertem Denken. Es ist nicht mehr alles fix und fertig präsent wie beim Druck auf den Fernsehknopf, und im Lauf der Zeit entwickeln Kinder ohne Fernsehen ein Verständnis für Prozesse, für Entwicklungen, die Zeit brauchen.

Sobald sie wieder nach ihrem eigenen individuellen Rhythmus leben, erwachen vom Fernsehen befreite Kinder auf mehr als eine Weise. Sie spielen in ihrem eigenen Tempo; sie sind konzentriert und zugleich voll Energie bei der Sache. Beobachten Sie einmal fernsehlose Kinder beim Spielen. Sie sind häufig systematischer und besser organisiert als Fernsehkinder. Sie drängen nicht mehr, »den Sender umzuschalten« oder »das nächste

Programm« einzuschalten und können deshalb Stunden damit zubringen, Straßen aus Bauklötzen zu errichten oder ihre eigenen Abenteuer zu erfinden.
Selten berichten Mütter, daß ihre Kinder über Langeweile klagen, wenn der Fernseher verschwunden ist. Viele Kinder verlagern ihre Interessen auf Musikinstrumente, praktische Tätigkeiten und organisierten Sport. Diese Beschäftigungen lassen wenig Raum für Langeweile.
Gute Gespräche leben im fernsehfreien Haushalt wieder auf. Man hat nun Zeit, beim Essen und bis in die Abendstunden hinein einander wirklich zuzuhören. Die Kinder gewinnen dabei ihre Phantasie und ihre Konzentrationsfähigkeit zurück. Diejenigen, die früher Schwierigkeiten hatten, sich auszudrükken und aufmerksam zu sein, haben nun wieder die Gelegenheit, das Sprechen und Zuhören zu üben. Sobald das Geschichtenerzählen zu einem Teil des Rituals vor dem Schlafengehen wird, weichen die Alpträume oft angenehmen Träumen.
Wenn sich eine Familie erst einmal entschlossen hat, weniger fernzusehen, bleiben ihr nicht nur die negativen Aspekte des Fernsehens erspart, sondern sie kann jetzt auch wichtigere positive Ziele erreichen. Vielleicht das erstrebenswerteste Ziel ist es, Situationen und eine Umgebung zu schaffen, in denen die Familienmitglieder, besonders die Kinder, sich zu ganzen Menschen entwickeln können. Ein ganzer Mensch ist geistig, körperlich, seelisch und emotional lebendig. Wenn ein Mensch, ob Erwachsener oder Kind, einen Großteil seiner Zeit dem Fernsehen verschrieben hat, wird es ihm unmöglich, sich vollständig zu entwickeln. Wenn Sie an Aktivitäten teilnehmen, durch die jeder Aspekt der Persönlichkeit entfaltet wird, stimulieren Sie den einen oder anderen Teil Ihres Selbst und wachsen dadurch, egal, wie alt Sie sind.
Denken Sie daran, daß lohnende Ziele erreichbar sind, wenn sich eine Familie erst einmal auf dem Weg zu weniger Fernsehen befindet. Das wichtigste Ziel ist es wie gesagt, eine Umwelt zu schaffen, in der sich die Familie wieder voll entfalten kann. Sehen Sie sich das folgende Diagramm an. Es wird Ihnen helfen, dieses Ziel zu erkennen, und Ihnen einen Bezugsrahmen geben, an dem Sie sich orientieren können.

Der ganze Mensch

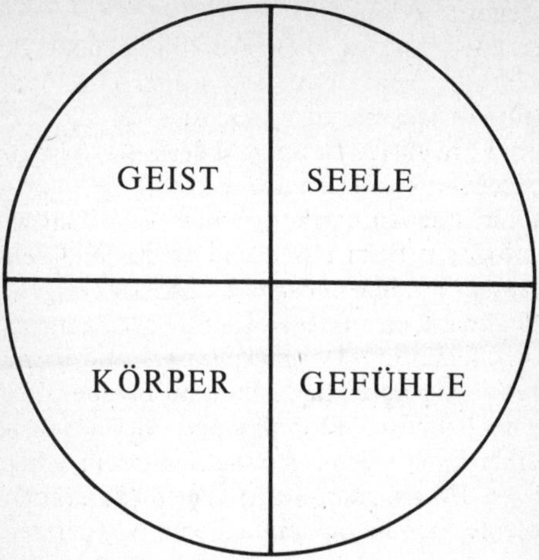

7. Das Vergnügen, »live« zu sein

Den Fernseher aus zu lassen ist keine Verarmung. Im Gegenteil: Viele Familien berichten, daß sie sich nach ihrer Entscheidung, ohne oder nur mit sehr wenig Fernsehen zu leben, zum ersten Mal frei fühlten von der tyrannischen Macht, die dieses Medium auf ihr Leben ausübte.
Im Anschluß folgen die Geschichten mehrerer Familien: der Familie Eaton, die überhaupt nie einen Fernseher besaß; der Familie McKay, die das Programm »In vier Wochen fernsehfrei« befolgte; und die Familien Rolfe und Bennison, die beide an einem NO-TV-Programm teilnahmen, das in den Schulen ihrer Kinder durchgeführt wurde.

Die Familie Eaton

Die Familie Eaton hat fast fünfzehn Jahre lang mit nur wenig oder völlig ohne Fernsehen gelebt. Unter einem Tisch im Eßzimmer ihres Hauses in Spring Valley, New York, verstaubt ein altes Fernsehgerät. Es bleibt dort aus gutem Grund. Mindestens drei Mitglieder der Familie Eaton halten sich für fernsehsuchtgefährdet; sie wollen den Fernseher außer Reichweite haben.
Chuck und Anne Eaton haben drei Kinder, die achtzehnjährige Claire, den fünfzehnjährigen Willie und die elfjährige Chandra. Anne unterrichtet Musik und Englisch, und Chuck ist Psychologe am Roosevelt Krankenhaus in New York City.
»Das Fernsehen ist keine verbotene Frucht«, sagt Chuck, »aber Anne findet, es ist nicht gut für Kinder; als unsere Kinder zur Welt kamen, mußten wir eine Entscheidung über unsere Fernsehgewohnheiten treffen.« Die Familie Eaton hat im letzten Jahr ungefähr dreimal ferngesehen. »Wir schalteten es zur Baseballmeisterschaft ein«, erklärt Chuck, »und prompt hatten wir einen Kurzschluß. An Silvester sahen wir uns die

Festübertragung vom Times Square an, und an das dritte Mal erinnere ich mich nicht mehr.«

Chuck mußte erst lernen, was das Fernsehen ihm antat. Er brachte jeden Abend Arbeit mit nach Hause. Anne, die den ganzen Tag mit den Kindern allein zu Hause war, wollte sich unterhalten. Die Kinder forderten ebenfalls seine Aufmerksamkeit. Chucks Reaktion bestand darin, daß er ein x-beliebiges Programm einschaltete und ansonsten gar nichts tat.

»Ich habe das Fernsehen nie gemocht, also war es für mich nicht schwer, damit aufzuhören«, sagt Anne. »Und ich hielt es für falsch, daß Babys fernsehen. Haben Sie ein Kind vor der Röhre einmal wirklich beobachtet? Das arme Ding sieht aus, als habe man das Kind aus ihm herausgeprügelt. Bis zum Alter von ungefähr sieben Jahren ist es unnatürlich, wenn ein Kind nicht andauernd aktiv und geschäftig ist.«

Statt also passiv zu sein und sich bedienen zu lassen, wie Anne das Fernsehen beschreibt, fing die Familie Eaton an, selbst aktiv zu werden. Eine Woche lang führte sie ein Tagebuch, in dem sie die typischen Aktivitäten einer Familie festhielt, die nicht fernsieht. Wenn es heftig schneite, verbrachten sie ein paar Tage gemeinsam im Haus und im Freien. Am Samstagmorgen beobachteten sie zwei Stunden lang die Vögel. Die Kinder bauten draußen Schneeburgen, was schließlich zwei Tage in Anspruch nahm. Die ganze Familie ging zusammen Schlittenfahren. Jedes Familienmitglied spielt ein Musikinstrument, also gab es immer Hausmusik oder man spielte für sich allein. Zum Frühstück und Abendessen versammelten sich alle um einen Tisch. Von diesen Vergnügungen eingerahmt waren auch die wöchentlichen Arbeiten des Brotbackens, der Mithilfe in der Lebensmittelgenossenschaft, die Bach Society für Anne, die Suburban Symphony für Chuck, Babysitting für Claire und Willie, das Übernachten bei Freundinnen für Chandra und ein großes Lektürepensum.

Die Familie Eaton ist mit ihrem Leben zufrieden. »Man könnte sagen«, meint Chuck, »daß ich mich am Ende des Jahres viel besser an die Konzerte erinnere, die wir besuchten, an die Leute, die wir kennenlernten, und an einige wundervolle Familienausflüge, als an dic Sendungen in dieser Fernsehsaison.«

Die Familie McKay

Egal, wo Sie im Haushalt von Jim McKay in Pearl River, New York, hinschauen, starrt Sie ein Fernseher an. Und dies, obwohl Edith fest dazu entschlossen war, ihrer Familie bewußter zu machen, welche Rolle das Fernsehen in ihrem Leben spielt. Die Familie befolgte das Programm »In vier Wochen fernsehfrei« systematisch; was ihnen in der vierten Woche klar wurde, wird im folgenden geschildert.

Die McKays sind eine sechsköpfige Familie. Zwei Kinder besuchen das College und wohnen außer Haus; die vierzehnjährige Kathy und der sechzehnjährige Tom leben bei ihren Eltern Jim und Edith McKay. Jim pendelt nach New York City – er arbeitet in der Wall Street –, während Edith die Stellung hält und einen lebendigen und geschäftigen Haushalt managt, in dem ununterbrochen Jugendliche ein- und ausgehen.

Edith erklärt die vierte Woche folgendermaßen: »Es wurde plötzlich sehr still im Haus, beinahe so, als sei jemand gestorben, oder als fehle ein guter Freund. Wir holten sofort einige Radios aus dem Keller, und ich freundete mich wieder mit meinem Lieblingssender an.«

Jim hört die Nachrichten ohnehin lieber im Radio. Er sagt, sein Lebensstil habe sich an jenem ersten Tag nicht geändert, bis der Abend kam und er automatisch den Fernseher andrehte. »Nein, nein, Vater!« erinnerte ihn Tom. Jim gab sich mit einem Kreuzworträtsel zufrieden.

Kathy McKay bemerkte ein störendes Element in dieser ruhigen ersten Woche – die klassische Musik, die ihr Vater hörte. »Igitt!« war ihr einziger Kommentar.

»Wir kamen alle zusammen und fühlten uns einander näher«, sagt Edith. »Jeder weiß über den anderen Bescheid, wenn der Fernseher nicht da ist. In jener ersten Woche merkten wir, wie sich unsere Gewohnheiten änderten. Ich glaube, Familien hören allmählich auf, sich zuzuhören und anzuschauen, wenn sie immer einen Fernseher laufen haben. Wir waren keine Ausnahme.«

»Es ist tatsächlich alles anders«, meldet sich Jim mit einem verhaltenen Lachen. »Es wird zwar weniger ferngesehen, doch gibt es für mich während der Woche viel mehr zu chauffieren. Und Tommy kostet mich mehr Geld – die Kinofilme, Besuche bei Freunden und die Ferngespräche, die er führt.«

»Wir begannen dieses Experiment im Winter«, sagt Kathy, »als ich gewöhnlich mehr Lust hatte, mir einen Spielfilm oder eine Quizsendung anzusehen. Nun räume ich statt dessen den Keller auf, bereite mich besser auf Prüfungen vor, hacke Holz und schaufele Schnee!«
Sie hat sich eigentlich gar nicht so sehr beklagt, erzählte ihre Mutter. »Ihre Noten haben sich in diesem Halbjahr unwahrscheinlich gebessert, und ich glaube, es hängt damit zusammen, daß Kathy sich jetzt mehr Zeit nimmt und gründlicher ist.«
Edith stellte fest, daß sie mit der freien Zeit, die sie gewann, ein neues Interesse am Erfinden guter Menüs entdeckte. Sie fing auch damit an, das Haus schon am Morgen zu verlassen. »Kein Zeitvertrödeln mit der ›Today Show‹.« Statt dessen verlegte sie ihr Schlagballspiel nun auf eine frühere Stunde.
Es gab in dieser ersten Woche allerdings ein paar trübe Momente. Die Familie McKay riß weiterhin die Fernsehseite aus der Zeitung, um zu sehen, was gerade lief. Eines Abends sah Kathy die Ankündigung einer besonderen Sendung und wünschte, sie zu sehen. Aus einer Art Protest ging sie dann tatsächlich zu einer Freundin und sah sich die Sendung an. An einem anderen Abend war Jim dienstlich unterwegs, und Edith sagte, sie habe es vermißt, daß sich die Kinder wie gewohnt in ihrem Zimmer trafen, um gemeinsam ein paar Sendungen anzusehen. Statt dessen war jeder woanders. »Um fünf Uhr war es am schlimmsten«, erinnert sich Edith. »Dies ist die Tageszeit, die ich am wenigsten mag, und ich hatte diese Lücke immer mit den Nachrichten gefüllt.«
Anfangs sagten die Kinder, sie wüßten, daß ihnen etwas fehle, aber sie wüßten nicht genau, was es war. Schließlich kam Tommy darauf, daß es das Junk Food war. »Früher haben wir am Abend eine Menge Snacks verdrückt. Es gab sogar halbstündliche Versammlungen in der Küche, wo wir uns alle zwischen den Sendungen trafen, um einen Happen zu uns zu nehmen und um zu sehen, was die anderen so machten.«
»Nun haben wir alle Hände voll zu tun – Bücher, Zeitschriften, Stickereien und andere Projekte«, sagt Edith.
Kathy, eine begeisterte Sportlerin, verbringt momentan doppelt so viel Zeit auf dem Basketballplatz wie früher. Sie berichtet auch, daß sie jetzt länger und besser schläft. »Ich brauche eigentlich mehr Schlaf, als ich mir bisher gönnte«, gab sie zu. »Mit dem Verzicht auf das Fernsehen haben Tommy und ich

nichts mehr in diesem Haus, wofür man lange aufbleiben könnte, besonders an Samstagabenden.«
Edith stimmt zu und sagt, sie habe jetzt nie mehr Fernsehkater. »Sie kennen doch das Gefühl – wenn Sie fernsehen, bis Sie einschlafen. Das kann für einen erholsamen Nachtschlaf bestimmt nicht gut sein. Seit wir keinen Fernseher mehr im Schlafzimmer haben, schlafe ich viel besser.«
»Wir waren immer eine engverbundene Familie gewesen, aber das Fernsehen fing an, sich von seiner schlechten Seite zu zeigen«, sagte Jim. »Wir sperrten einander aus. Jetzt wählen und entscheiden wir vorsichtig und benutzen das Fernsehen erst, wenn andere Möglichkeiten ausgeschöpft sind.«

Die Familie Rolfe

Nachdem ich schon mehrere Jahre mit Eltern gesprochen und sie beraten hatte, wie man die Fernsehgeräte dauerhaft ausschaltet, beschloß ich, mich den Kindern selbst zuzuwenden, und fing an, in Schulen Programme der »Fernsehfreien Woche« zu präsentieren. Für viele Familien hat sich das Leben entscheidend geändert, seit ihre Kinder an diesen Programmen teilnahmen. Die Kinder sind begeistert bei der Sache und lernen eine Menge über das Medium, das sie einst für selbstverständlich hielten. Die Eltern sind in vielen Fällen weniger enthusiastisch. Einige glauben, sie könnten ihre Fernsehsucht nicht überwinden. Aber viele machen mit Hilfe ihrer Kinder und um ihrer Kinder willen einen Versuch.
Im Haushalt von Sondra und Trevor Rolfe hat sich das Leben entscheidend geändert, seit ihre Kinder in der Schule an einem No-TV-Programm teilnahmen.
»Das Fernsehen am frühen Morgen haben wir ganz und gar abgeschafft«, sagt Sondra. »Der siebenjährige Peter war schon immer ein Frühaufsteher, und er hat sein ganzes Leben lang früh am Morgen ferngesehen. Ich habe das nie richtig befürwortet, aber was sollte er sonst tun, wenn alle anderen im Haus noch schliefen? Aber das morgendliche Fernsehen raubte ihm die Energie; er schleppte sich nur noch so dahin und kam ständig zu spät zur Schule. Es war seine Entscheidung, das Fernsehen am Morgen zu unterlassen.«
Der Süchtigste im Rolfeschen Haushalt war Trevor, doch er

stimmte zu, bei der fernsehfreien Woche mitzumachen, solange die Kinder auf waren. Am ersten Abend hielt sich Trevor Rolfe an seinen Plan, nicht fernzusehen, bis die Kinder im Bett waren. »Kaum waren sie versorgt, ging der Fernseher an«, berichtet Sondra. »Am zweiten Abend hatte ich jedoch ein gewisses Siegesgefühl. Als die Kinder im Bett waren, entschied er sich, ein Buch zu lesen und sich mit mir zu unterhalten.«

Peter und die elfjährige Allison bemühten sich, ihren Vater zu bekehren; nach dem Abendessen hielten sie ihn raufend auf der Couch fest, verwickelten ihn in Gespräche, zeigten ihm ihre Schularbeiten und erwarteten eine Reaktion. »Er wußte nicht, was eigentlich geschah«, berichtet Sondra, »aber die Kinder bemühten sich um ihn, und Trevor ging darauf ein.« Immer wenn Trevor seine gewohnte Dosis Wochenendsport konsumierte, ließen Peter und Allison ihn allein, weil sie fürchteten, ihr eigenes Verzichtgelübde zu brechen.

Sondra wuchs in Südafrika auf, und als sie in die Vereinigten Staaten kam, war sie enttäuscht, selten jemanden draußen zu sehen, zumindest in den Vororten. In der fernsehfreien Woche schöpfte sie jedoch Hoffnung. »Die Straße war voller Kinder, und jeder war mit etwas beschäftigt. Die Fahrräder waren draußen, man fuhr Müll mit dem Schubkarren weg, Basketbälle flogen durch die Gegend, und auf dem Rasen wurde Fußball gespielt. Es war wie ein Zirkus mit drei Manegen.«

Sondra bemerkte, daß die Kinder in der Nachbarschaft stärker aufeinander angewiesen waren, als das Fernsehen verschwunden war. »Mir fiel auf, daß die fernsehfreie Woche die Kinder einander näherbrachte. Die Leute kamen hinter dem Ofen hervor und öffneten die Türen. Ich will nicht übertrieben optimistisch klingen. Nicht alles war wunderbar. Es gab eine Menge Lärm – aufgeregte Kinder, Leute kamen und gingen, und es wurde so viel geredet. Manchmal sehnte ich mich am Ende des Tages danach, einfach ruhig vor dem Fernseher zu sitzen. Ein weiteres Problem, wenn man Spielen und Reden als Problem bezeichnen kann, war die Unordnung. Die Kinder richteten in jeder Ecke des Hauses kleine Schlupfwinkel ein. Keine einzige Bettdecke und kein Leintuch war mehr im Wäscheschrank. Sobald sich die Kinder in diese Ecken zurückzogen, lasen, redeten oder spielten sie mit ihren Legos und Matchbox-Autos und amüsierten sich.«

Interessanterweise fühlten sich die Kinder im Rolfeschen Haushalt nicht zu Gesellschaftsspielen hingezogen. »Sie gingen aufeinander und auf mich zu«, sagt Sondra. Sie ist besonders begeistert von Allisons neuentdecktem Hobby – Lesen. Vor der fernsehfreien Woche war Allison nie eine eifrige Leserin gewesen, doch jetzt liest sie häufig und sucht Bücher aus, die sie ihrem jüngeren Bruder vorliest.
Nach einer fernsehfreien Woche hat die Familie Rolfe einsehen gelernt, daß sie mit Sicherheit ohne Fernsehen leben kann. Nach dem Programm in der Schule blieb der Fernseher drei Wochen lang außer Betrieb, bis auf einen Abend. »Ich erwischte Peter dabei, als er einen Dokumentarfilm über den Weltraum sah«, sagte Sondra. »Als er mich bemerkte, sprang er auf und schrie: ›Sag nichts! Sag nichts! Ich habe meine ganze Arbeit getan, und das ist eine gute und kurze Sendung.‹«

Die Familie Bennison

»Letzte Woche habe ich nur zwei Stunden ferngesehen«, verkündete die neunjährige Vanessa Bennison, als habe sie eine Heldentat vollbracht. Vanessas Familie hatte an der »Fernsehfreien Woche« in ihrer Schule teilgenommen. Um das Projekt weiterzuführen, hatte Vanessa versprochen, für den Rest des Schuljahrs nicht mehr als zwei Stunden pro Woche fernzusehen. Und in der Tat fühlen sich alle Mitglieder der Familie Bennison mehrere Wochen nach ihrer Teilnahme an der »Fernsehfreien Woche« ausgesprochen wohl in ihrer Haut.
Leslie Bennison, die Mutter von Vanessa und der fünfjährigen Dana, ist besonders glücklich über die Auswirkungen, die sich bei den anderen Familienmitgliedern allmählich bemerkbar machen. »Unsere Dana, die noch nicht zur Schule geht, hat wenig Eigeninitiative. Da es in der Nachbarschaft keine Kinder in ihrem Alter gibt, ist das Fernsehen Danas bester Freund geworden. Während sich ihre Schwester in der »Fernsehfreien Woche« mit ihren Projekten abgab und ich mir Ideen für Spiele ausdachte, ließ Dana jedoch den Fernseher stehen und strebte den Orten zu, wo etwas geboten war. Der Fernseher scheint nicht mehr im Mittelpunkt zu stehen. Ich glaube, die Woche hat uns

auch in anderer Weise wirklich die Augen geöffnet«, bekennt Leslie.

»Ein Anti-Fernseh-Programm muß die ganze Familie einbeziehen. Die Eltern können nicht einfach die Kinder anschreien und ihnen befehlen, den Apparat auszuschalten. Ich war gezwungen, eine wirkliche Anti-Haltung gegen das Fernsehen einzunehmen, sowie aktiv daran zu arbeiten, jedem seine Zeit zu organisieren. Manchmal muß ich wie eine gesprungene Schallplatte geklungen haben – ›Holt die Filzstifte heraus‹, ›Baut eine Burg‹. Das Haus sieht mit Sicherheit anders aus, wenn überall kleine Papierschnipsel verstreut sind und der Küchentisch mit Klebstoff beschmiert ist, aber das gibt mir auch ein wenig mütterliche Befriedigung.«

Die Familie Bennison war nie das, was man eine süchtige Familie nennen würde. Leslie war jedoch nahe daran, fernsehsüchtig zu werden, als die Mädchen noch klein waren und ihr Ehemann Bill das halbe Jahr auf Reisen war. »Damals saß ich Tag und Nacht vor dem Fernseher, und die Situation schien langsam ausweglos zu werden. Allmählich merkte ich, daß das Fernsehen eine beinahe hypnotische Wirkung auf mich hatte und mich grundlos anzog. Eines Nachmittags drehte ich schließlich das verdammte Ding einfach ab. Ich lebte nicht mehr mein eigenes Leben. Ich lebte ihr Leben – das der Fernsehcharaktere!«

Der große Zankapfel in der Familie Bennison existiert auch in vielen anderen Haushalten: Bill Bennison ist ein echter Sportfan. »Ich muß zugeben, daß ich versucht wäre, mir jeden Abend die Sportereignisse im Kabelfernsehen anzuschauen, wenn ich nicht so viel auf Reisen wäre. Einige meiner Freunde sehen sich jeden Abend zwei oder drei Spiele an.« Zu seiner Verteidigung versichert Bill, daß er während der »Fernsehfreien Woche« höchstens zwei Stunden Sport sah. »Am Freitagabend«, erinnert er seine Frau mit einem Grinsen, »mußten wir eine richtige Familienshow aufziehen. Es kommt selten vor, daß wir vier einmal alle zusammen sind. An diesem Abend machten wir Popcorn und spielten Karten und Scrabble. Ich dachte mir, wie schön das ist, mit der ganzen Familie um den Kartentisch zu sitzen.«

Leslie glaubt, daß das Fernsehen Männer viel schneller altern läßt. »Ich denke, all das passive Fernsehen führt besonders bei Männern dazu, daß sie zuviel sitzen und älter aussehen.«

Die »Fernsehfreie Woche« war die ideale Gelegenheit für sie, Bill wegen seines Mangels an sportlicher Betätigung zu schelten.

Hatte die »Fernsehfreie Woche« für die Familie Bennison irgendwelche dauerhaften Wirkungen? »Aber ja«, versichert Leslie. »Wir sehen nun während der Woche überhaupt nicht mehr fern. Wir sind uns jetzt völlig im klaren darüber, wieviel Zeit wir dadurch gewinnen, und füllen sie bewußt mit produktiveren Beschäftigungen. Eines Abends wurde Vanessa zehn Minuten vor dem Abendessen mit ihren Hausaufgaben fertig. Statt den einfachen Ausweg zu wählen – Fernsehen –, fuhr sie ein wenig mit dem Rad. Das Beste an allem ist, daß das Haus ruhig ist. Trotz der vermehrten Aktivität scheint der Geräuschpegel gesunken zu sein. Alle scheinen entspannter zu sein, und ich hoffe, es bleibt so.«

Wenn eine Familie anfängt, weniger fernzusehen, stellt sich gewöhnlich eine bestimmte Folge von Ereignissen ein.

1. Die ganze Familie ist gezwungen, Informationen – regionale, nationale und internationale Nachrichten und alltägliche Ereignisse – anderen Quellen als dem Fernsehen zu entnehmen.
2. Die Familienmitglieder sind auch gezwungen, ihre Unterhaltung und ihr Vergnügen von anderen Menschen zu beziehen – von Familienmitgliedern, Freunden und sich selbst.
3. Die beiden erstgenannten Umstände haben eine unmittelbare Folge – mehr Gespräche.
4. Die nächste Überraschung ist mehr Zeit – große Abschnitte freier, unverplanter Zeit, und das bedeutet, daß es weniger Spannung im Haus gibt und daß man sich bei den Mahlzeiten nicht mehr abhetzen muß, um eine Sendung nicht zu versäumen. Man hat Zeit, einfach herumzusitzen und sich zu entspannen. Man unterhält sich über ein Ereignis des Tages oder macht Pläne für das Wochenende.
5. Zeit übrigzuhaben heißt, daß sich die Kinder an der ihnen neugeschenkten Aufmerksamkeit ergötzen werden. Die Kinder zeigen die ersten Anzeichen von Erleichterung, daß der Fernseher verschwunden ist.
6. Was dann folgt, ist eine Überraschung für die Eltern – die Erkenntnis, daß ihre Kinder wissen, wie man spielt, und daß Eltern nicht ständig auf dem Posten sein und Spiele vorschlagen müssen.

Das Leben gewinnt eine völlig neue Bedeutung. Ohne die elektronischen Fesseln erleben viele vom Fernsehen befreite Familien zum ersten Mal, wie befriedigend es ist, man selbst zu sein und die Zeit zu haben, eigene Interessen zu entwickeln und wahrzunehmen.

8. Gedanken über die Zukunft

Das Kind von heute ist anders als früher. Das Fernsehen hat sein Wachstum gehemmt. Wenn ein Kind am Samstagmorgen Zeichentrickfilme ansieht, bevor es Fußball spielt, ist dann nicht zu erwarten, daß es träge auf dem Spielfeld ankommt? Wenn es Nachmittage und Frühlingsabende im Lehnstuhl statt im Freien verbringt, ist es dann nicht logisch, daß es langsam, ungeschickt und körperlich unterentwickelt ist? Wenn ein Kind den Großteil seiner Jugend damit verbracht hat, unterhalten zu werden, statt sich selbst zu unterhalten, angesprochen zu werden, statt zu reden, Fernsehgeschichten anzuschauen, statt Geschichten zu lesen, besteht dann nicht die Gefahr, daß es eher leblos anstatt lebhaft heranwächst? Ein neunjähriges Kind aus San Francisco faßte die Einstellung dieser Kinder folgendermaßen zusammen: »Ich sehe lieber fern, als draußen zu spielen, weil es draußen so langweilig ist.«

Es sind die Eltern, die das ändern können. Letztlich können nur sie darüber entscheiden, wie sich ihre Kinder entwickeln und welche Einstellung zum Leben sie einnehmen. In meiner Rolle als Mutter möchte ich die Werte, die Vorstellungen und den Geschmack meiner Kinder prägen. Ich will ihnen die ganze Welt zeigen, nicht nur eine Scheibe der künstlichen Fernsehwirklichkeit.

Das Aufziehen Ihrer Kinder gemäß Ihren Vorstellungen wird durch weniger Fernsehen enorm vereinfacht. Sie allein werden darüber entscheiden, was für Sie und Ihre Kinder wirklich wichtig ist. Möchten Sie Kinder, die motiviert sind, die lesen und gerne mit der Familie etwas unternehmen oder Sport treiben? Wollen Sie vor Energie sprühende, enthusiastische Kinder? Wollen Sie Kinder, die Individuen sind, die sich ihr Leben lieber selbst gestalten?

Wenn Sie das Fernsehen unter Kontrolle bringen, können Sie diese Ziele erreichen. Weniger Fernsehen in Ihrem Haushalt führt zu einem erfüllteren Leben, frei von Werbespots und elektronischer Aufdringlichkeit. Eunice Shriver, Mutter von fünf

Kindern und Vizepräsidentin der Joseph P. Kennedy Stiftung, sagt: »Was die amerikanische Familie am allerdringendsten braucht, ist ein neues Gefühl ihrer eigenen Bedeutung, eine neue Bestimmung ihrer unentbehrlichen Rolle und die Besinnung auf das Glück, das man erlebt, wenn man sich gegenseitig entdeckt und an der erstaunlichen Entfaltung des Geistes und Körpers eines Kindes anteilnimmt.«[1]

Durch die Einschränkung des Fernsehens wird Ihr Kind mittels der Literatur, der Kunst und des kreativen Spiels ein reicheres Leben genießen. Es wird selbst die Quelle seiner Unterhaltung sein, und es wird die in ihm verborgenen Möglichkeiten entdekken. Es wird von der gesamten Breite menschlicher Erfahrungen lernen und seinen eigenen Weg bewußter wählen können.

»Die Kindheit ist so kurz«, sagte der Dichter Walter de la Mare, »und doch so offen und prägend. Eindrücke werden in die Zeit der Reife hinübergenommen. Ich kann nicht glauben, daß Kinder, die sich mit der besten Literatur auseinandersetzen, später das Billige und Niedere wählen werden. Deshalb ist für Kinder, auf deren Zukunft wir Einfluß haben, das Beste gerade gut genug.«[2]

Wenn das Fernsehen ausgeschaltet ist, werden wir gezwungen, vernachlässigte Teile des Gehirns, des Körpers und der Seele zu kultivieren. Ich hoffe, es ist nicht der Eindruck entstanden, daß alle Probleme im Wachstum und in der Entwicklung von Kindern zu lösen sind, indem man einfach das Fernsehen abschafft oder einschränkt. Vielmehr behaupte ich, daß wir mit der Eindämmung des Fernsehens den ersten Schritt machen, die besonderen Bedürfnisse jedes einzelnen Kindes und seiner Familie zu entdecken. Wir räumen die Umwelt auf – die elektronische Umwelt – machen reinen Tisch und ersetzen den Bildschirm durch ein weißes Blatt, auf dem jedes Kind und jede Familie anfangen kann, die eigene Zukunft zu entwerfen.

Anmerkungen

Kapitel 1

1 »Reflections on My Seven Years at Sword's Point«, *New York Times*, 17. April 1977.

2 Zit. von Kenneth Keniston in: »All Our Children – The American Family Under Pressure«, Harcourt Brace Jovanovich, 1977, S. 54.

Kapitel 2

1 »Television and Social Behavior: A Technical Report to the Surgeon General's Scientific Advisory Commission on Television and Social Behavior«, 5 Bände, Washington, D. C. 1972. Im Moment ist es schwer, genau zu sagen, wie viele Stunden Amerikaner/innen im Durchschnitt vor dem Fernseher oder anderen elektronischen Geräten verbringen. Im Jahre 1981 schätzte A. C. Nielsen, daß der/die durchschnittliche Amerikaner/in 29 Stunden und 46 Minuten pro Woche fernsieht, allerdings sind in dieser Zahl Kabelfernsehen und Videospiele nicht enthalten. »Eine zehnjährige Studie über Gewalt im Fernsehen«, die 1979 von der Annenberg School of Communications herausgegeben wurde, stellt fest, daß Leute, die viel fernsehen, auf sechs Stunden pro Tag kommen. ... Die Masse der amerikanischen Kinder kommt mit ihrem normalen Fernsehverhalten nahe an dieses hohe Konsumniveau heran.« Russ Faist berichtet in »Here's How to Handle TV« in *Catholic Universe Bulletin* vom 29. September 1978, daß »der durchschnittliche Haushalt sechseinhalb Stunden pro Tag den Fernsehapparat angeschaltet hat« (S. 13).

2 Hinsichtlich der Prozente der amerikanischen Haushalte, siehe Nielsen; hinsichtlich der 2300 Stunden, siehe Faist.

3 Richard P. Adler, »Parents' Television Guide«, *Learning*, Dezember 1978.

4 Interview, *People*, 8. Oktober 1979, S. 55.

5 »Reflections on My Seven Years at Sword's Point«, *New York Times*, 17. April 1977.

6 Baltimore Media Alliance, P. O. Box 16262, Baltimore, Maryland 21210.

7 Zit. in »Parents' Television Guide«, S. 5.

8 »Is TV a Pied Piper?« *Young Children Journal*, November 1974, S. 12–13.

9 Berichtet in Constance Rosenblum, »Are You Only As Nice As the Show You Watch?« *New York Daily News*, 24. Juni 1979.

10 »Television and Values«, Learning Seed Company, Filmanleitung für Lehrer, S. 15.

Kapitel 3

1 Neil Postman, »TV's Disastrous Impact on Children«, *U. S. News & World Report*, 19. Januar 1981, S. 43–46.

2 »The Teaching of Reading«, zitiert in »Television and Child Development«, einer Broschüre der TV Action Group, Schoolhouse, Brookthorpe, Gloucester, Massachusetts.

3 *American Medical News*, 20. Juni 1979.

4 Zit. in Kate Moody, »The Research on TV – A Disturbing Picture«, *New York Times Spring Survey of Education*, 20. April 1980.

5 Albert Bandura, D. Ross und S. A. Ross, »Imitation of Film-Mediated Aggressive Models«, *Journal of Abnormal and Social Psychology*, 1963, S. 8. Der Artikel wird in der Lehreranleitung der Learning Seed Company zu dem Filmstreifen »Television Violence« besprochen.

6 Die National Coalition on Television Violence für den Zeitraum vom 4. Januar bis 27. März 1982. Im Jahre 1979 konstatierte George Gerbner, Untersuchungsleiter einer Studie an der Annenberg School of Communications, 15,6 Gewalthandlungen pro Stunde im Jahre 1977 und 25 im Jahre 1978.

7 Direktor David Pearl, »Television and Behavior: 10 Years of Scientific Progress and Implications for the Eighties«, Washington, D. C., 1982.

8 Eine ABC-Studie, zit. in Warren Weaver, Jr., »A Court Ruling Lets Child Victim of Sex Assault Sue a TV Network«, *New York Times*, 25. April 1978; zu dem Überfall, siehe E. R. Shipp, »Armed Robbery Is Court Charge Faced by Boy, Nine«, *New York Times*, 8. März 1981; Schorr, »Hinckley: A ›Media Freak‹«, *New York Times*, 10. Mai 1982.

9 Zitiert in John Mariani, »The Impact of TV Violence on Your Children«, Family Weekly, 11. November 1979, S. 32.

10 Baltimore Media Alliance, P. O. Box 16262, Baltimore, Maryland 21210.

11 In »The Show and Tell Machine – How Television Works and Works You Over«, Delta, 1978 (S. 10) zitiert Rose Goldsen das Werk der Psychologen H. R. Beech und H. J. Eysenck in diesem Zusammenhang.

12 »Let Children Feel Compassion; Curb Television Violence«, *Journal News* (Rockland County, New York).

13 »TV's Disastrous Impact on Children«, S. 45.

14 »Brain Waves Measures of Media Involvement«, *Journal of Advertising Research*, Februar 1971, S. 66–70.

15 »Turned-on Toddlers – Effects of Television on Children and Adolescents«, *Journal of Communications*, Herbst 1975, S. 70.

16 »Television and Behavior«, a. a. O.

17 »The Show and Tell Machine«, a. a. O., S. 63.

18 »TV's Disastrous Impact on Children«, a. a. O., S. 43.
19 »TC Today« (Newsletter des Teachers College der Columbia University), Herbst 1981, ohne Seitenangabe.
20 »Is Human Imagination Going Down the Tube?«, *Chronicles of Higher Education*, 23. April 1979.
21 »The Show and Tell Machine«, a. a. O., S. 250–251.
22 »Who Lives on Sesame Street?« *Psychology Today*, Oktober 1970, S. 14–18.

Kapitel 4
1 Kent Geiger und Robert Sokol, »Social Norms in Television Watching«, *American Journal of Sociology*, 1959, S. 174–181.
2 Zit. in Barry Siegel, »Is Television a Medium That Muddles the Mind?«, *St. Petersburg Times*, 12. März 1979.
3 Marie Winn, »The Plug-In Drug«, (dt.: Die Droge im Wohnzimmer), Bantam, 1978, S. 42–53.
4 »Classrooms' Ubiquititous Rival: Pop Culture«, *New York Times*, 13. Juni 1979.
5 Zit. in James Monaco, »Media Culture«, Delta, 1978, S. 250.
6 Zit. in Mariani, »The Impact of TV Violence on Your Children«, *Family Weekly*, 11. November 1979, S. 32.
7 »The Informed Heart«, Free Press, 1960, S. 50.
8 Hal Evry, »TV Murder Caused Bad Dreams«, *Film World*, August 1952, S. 247.
9 Zit. in Richard Flaste, »Survey Finds That Most Children Are Happy at Home But Fear World«, *New York Times*, 2. März 1977.
10 »The Greening of America«, Random House, 1970, S. 261.
11 Zit. in Monaco, »Media Culture«, a. a. O., S. 255.
12 Baltimore Media Alliance, P. O. Box 16262, Baltimore, Maryland 21210.
13 Zit. in Kenneth Keniston, »All Our Children«, Harcourt Brace Jovanovich, 1977, S. 53.
14 »Is TV a Pied Piper?« *Young Children Journal*, November 1974, S. 12.
15 Zit. in »Schoolwork Undermined by TV, California Survey Shows«, *Report on Educational Research*, 26. November 1980, S. 1–2.
16 Zit. in Gene Maeroff, »Specific TV Shows Tied to Child's Achievement«, *New York Times*, 30. März 1982.
17 »Television an Values«, The Learning Seed Company, 24. Juni 1979, S. 15.
18 »Order in the Classroom«, *Atlantic Monthly*, September 1979, S. 35.

Kapitel 6
1 Patricia Williams, Edward Haertel, Geneva Haertel und Herbert Walberg, »The Impact of Leisure-Time Television on School Learning: A Research Synthesis«, *American Educational Research Journal*, Frühjahr 1982, S. 35.

2 »Switch«, das Fernsehspiel für Kinder, wurde entwickelt von ACT, Action for Children's Television, Newtonville, Massachusetts.
3 Jerome L. Singer und Dorothy G. Singer, »Is Human Imagination Going Down the Tube?«, *Chronicle of Higher Education*, 23. April 1979, S. 30.
4 Äußerungen bei einer Podiumsdiskussion, die am 8. März 1982 in Scarsdale, New York, stattfand und deren Sponsor die Fox Meadow Parent-Teachers Association war.
5 Marie Winn, »The Plug-In Drug«, Bantam, 1978, S. 7.
6 »The Computer as Cornucopia in Education«, *Kent Literary Magazine*, Frühjahr 1982, S. 10.
7 Zit. in Sally Reed, »Schools Enter the Computer Age«, *New York Times Spring Survey of Education*, 25. April 1982.
8 William Sharkan und John Goodman, »The Microcomputer in Education: Myth of Panacea?«, *Media and Management Journal*, Winter 1982, S. 26–27, 35.
9 »My Turn«, *Newsweek*, 19. April 1982, S. 23.

Kapitel 7
1 »Family Play: A Source of Joy and Growth«, *Let's Celebrate the Family*, American Mothers Committee, 1976, S. 18.
2 *Bells and Grass*, Viking, 1964.

Bibliographie

Adler, Richard: »Parents' Television Guide«, *Learning, the Magazine for Creative Teaching*, Ergänzungsband, Dezember 1978.
Annenberg School of Communications: A Ten Year Study of TV Violence, 1979.
Arlen, Michael: The View from Highway 1, New York: Farrar, Straus & Giroux 1976.
Bandura, Albert, D. Ross und S. A. Ross: »Imitation of Film-Mediated Aggressive Models«, *Journal of Abnormal and Social Psychology*, 1963, S. 3–11.
Bettelheim, Bruno: The Informed Heart, New York: The Free Press, 1960.
– The Uses of Enchantment – The Meaning and Importance of Fairy Tales, New York: Knopf 1978.
Bronfenbrenner, Urie: »Who Lives on Sesame Street?«, *Psychology Today*, Oktober 1970, S. 14–18, 20.
Cohen, Dorothy: »Is TV a Pied Piper?«, *Young Children Journal*, November 1974, S. 4–12.
Cohen, Marcia: »How Do Prominent Parents Govern Their Children's TV Habits?«, *New York Times*, 30. März 1980.
Elkind, David: The Hurried Child – Growing Up Too Fast Too Soon, Reading, Massachusetts: Addison Wesley 1981.
Faist, Russ: »Here's How to Handle TV«, *Catholic Universe Bulletin*, 29. September 1978.
Federal Communications Commission: Report on the Broadcast of Violent, Indecent, Obscene Material, Washington, D. C., Government Printing Office 1975.
Feinbloom, Richard I.: »Television and Children«, *Ambulatory Pediatric Association*, Bd. 13, Nr. 1 (1977), S. 11–14.
Fill, Herbert: »The Mental Breakdown of the Nation«, *New Viewpoints*, 1973.
Fiske, Edward: »Collegen Entry Tests Drop Sharply«, *New York Times*, 7. September 1975.
Geiger, Kent und Robert Sokol: »Social Norms in Television Watching«, *American Journal of Sociology*, Bd. 65 (1959), S. 174 bis 181.
Goldsen, Rose K.: The Show and Tell Machine – How Television Works and Works You Over, New York: Delta 1978.
Halpern, Werner I.: »Turned-on Toddlers – The Effects of Television on Children and Adolescents«, *Journal of Communications*, Bd. 25 (Herbst 1975), S. 66–70.

Hartley, E. L.: »Passive Learning from Television«, *Public Opinion Quarterly*, Bd. 34 (1970), S. 184–190.
Himmelweit, Hilda T., A. N. Oppenheim und Pamela Vince: Television and the Child, London: Oxford University Press 1958.
Hirsch, Elizabeth S.: »TV and the Child Under Six«, *New York Early Education Reporter*, Winter 1979, S. 3.
Keniston, Kenneth: All Our Children: The American Family Under Pressure, New York: Harcourt Brace Jovanovich 1977.
Key, Wilson Bryan: Media Sexploitation, New York: Signet 1976.
Krugman, Herbert E.: »Brain Waves Measures of Media Involvement«, *Journal of Advertising Research*, Februar 1971, S. 3–9.
– »Processes Underlying Exposure to Advertising«, *American Psychologist*, Bd. 23 (1968), S. 245–253.
»Laboratory Investigation of Effects of Television on Children«, *TC Today* (Newsletter of Teachers College, Columbia University), Bd. 10 (Herbst 1981), S. 4–5.
Leonard, John: »Reflections of My Seven Years at Sword's Point«, *New York Times*, 17. April 1977.
Lesser, Gerald S.: Children and Television, New York: Random House 1974.
Maeroff, Gene I.: »Specific TV Shows Tied to Child's Achievement«, *New York Times*, 30. März 1982.
Mander, Jerry: Four Arguments for the Elimination of Television, New York: Morrow 1978.
Mariani, John: »The Impact of TV Violence on Your Children«, *Family Weekly*, 11. November 1979, S. 32.
Mayer, Martin: About Television, New York: Harper and Row 1972.
Monaco, James: Media Culture, New York: Delta 1978.
Moody, Kate: »The Research on TV – A Disturbing Picture«, *New York Times*, 20. April 1980.
Pearl, David: Television and Behavior: 10 Years of Scientific Progress and Implications for the Eighties, Washington, D. C., Government Printing Office 1982.
Postman, Neil: »Order in the Classroom«, *Atlantic Monthly*, September 1979, S. 35–38.
– »TV's Disastrous Impact on Children«, *U. S. News and World Report*, 19. Januar 1981, S. 43–46.
Rogers, Vincent R. und Joan Baron: »Declining Test Scores: A Humanistic Explanation«, *Phi Delta Kappan*, Dezember 1976, S. 83–86.
Schramm, William, Jack Lyle und Edwin B. Parker: Television in the Lives of Our Children, Stanford: Stanford University Press 1961.
Singer, Jerome L. und Dorothy G.: »Is Human Imagination Going Down the Tube?«, *Chronicle of Higher Education*, 23. April 1979.
– »Television, a Member of the Family«, *The National Elementary Principal Magazine*, Bd. 6 (Januar/Februar 1977), S. 50–53.

Television and Social Behavior, a Technical Report to the Surgeon General's Scientific, Advisory Commission on Television and Social Behavior, 5 Bände, Washington, D. C., Government Printing Office 1972.

Waters, Harry: »What TV Does to Kids«, *Newsweek*, 21. Februar 1977, S. 63–70.

Wilkins, Joan: »Why Is This Child Always Watching?«, *Family Health*, September 1981, S. 39–40, 58, 60.

– »The FC Guide«, *Family Circle*, 22. April 1980, S. 20, 24, 52, 54.

– »A Hard Look at the Tube«, *Journal News* (Rockland County, N. Y.), 20.–23, Februar 1978.

Williams, Patricia, Edward Haertel, Geneva Haertel und Herbert Walberg: »The Impact of Leisure-Time Television on School Learning: A Research Synthesis«, *American Educational Research Journal*, Bd. 19, Nr. 1 (Frühjahr 1982).

Winn, Marie: The Plug-In Drug, New York: Viking Press 1977; Bantam 1978 (dt.: Die Droge im Wohnzimmer, Rowohlt 1979).

Neil Postman

Das Verschwinden der Kindheit

Aus dem Amerikanischen von Reinhard Kaiser
191 Seiten. Broschur

Dieses Buch bricht den faulen Frieden, den die Erwachsenen mit der Gleichgültigkeit geschlossen haben, um die Welt bis in die Nischen hinein nach ihrem Bilde einzurichten. Es handelt von dem vielleicht folgenschwersten kulturellen Kolonisierungsunternehmen in der Gegenwart: der Zerstörung der Kindheit durch Mißachtung oder Destabilisierung ihrer Spielräume, ihrer inneren Geschichte und ihrer spezifischen Zeitrechnung. Brisant ist nicht nur Postmans (gut belegte) These, daß in der abendländischen Zivilisation die Idee der Kindheit im Verschwinden begriffen sei, sondern auch seine intelligente Analyse der elektronischen Medien, die er als die machtvollen Beschleuniger dieser Entwicklung bestimmt. Postmans Kritik gilt der Allianz von Kommerz, Ideologie und Gedankenlosigkeit gegen die Ansprüche der Kinder auf eine eigene, freie Lebenszeit: auf die Kindheit nicht als eine biologische, sondern vielmehr als eine kulturelle Erfahrung. Die Vorstellungs- und Empfindungswelt der Kindheit ist endgültig dann abgeschafft, wenn die Kinder und Jugendlichen nur noch zu Erwachsenen-Wünschen fähig sind.

S. Fischer

fi 318/1

Neil Postman

Wir amüsieren uns zu Tode

Urteilsbildung im Zeitalter der Unterhaltungsindustrie

Aus dem Amerikanischen von Reinhard Kaiser
208 Seiten. Broschur

Neil Postmans – wohlbelegte – These lautet, daß die Medien zunehmend nicht nur bestimmen, was wir kennenlernen und erleben, welche Erfahrungen wir sammeln, sondern auch, was und wie wir denken, was und wie wir empfinden, ja, was wir von uns selbst und voneinander halten sollen. Zum ersten Mal in der Geschichte gewöhnen die Menschen sich daran, anstatt der Welt ausschließlich Bilder von ihr ernst zu nehmen. An die Stelle der Erkenntnis und Wahrnehmungsanstrengung tritt das Zerstreuungsgeschäft. Die Grenzen zwischen Darstellung und Täuschung werden fließend. Die Folge davon ist ein rapider (organisierter) Verfall der menschlichen Urteilskraft. In ihm steckt eine unmißverständliche Bedrohung: Er macht unmündig oder hält in der Unmündigkeit fest. Und er tastet das gesellschaftliche Fundament der Demokratie an.
Wir amüsieren uns zu Tode.